Heinrich Preschers

Topographische Pfälzische Bibliothek

oder systematisches Verzeichniss der bisherigen Pfälzischen topografischen Schriften mit einigen dazu gehörigen kritischen und litterarischen Bemerkungen.

Erstes Stück

Heinrich Preschers

Topographische Pfälzische Bibliothek
oder systematisches Verzeichniss der bisherigen Pfälzischen topografischen Schriften mit einigen dazu gehörigen kritischen und litterarischen Bemerkungen. Erstes Stück

ISBN/EAN: 9783743437531

Hergestellt in Europa, USA, Kanada, Australien, Japan

Cover: Foto ©ninafisch / pixelio.de

Weitere Bücher finden Sie auf **www.hansebooks.com**

Topographische Pfälzische

Bibliothek

oder

systematisches Verzeichniß

der

bisherigen

Pfälzischen topographischen Schriften

mit

einigen dazu gehörigen kritischen und litterarischen

Bemerkungen.

Erstes Stük.

Speyer und Leipzig,
bei der neuen typographischen Gesellschaft.

1785.

Vorbericht.

Ich halte nicht viel auf Vorreden, weil auch der redlichſte Mann gar leicht dadurch verleitet wird, zu viel von ſich ſelbſt zu reden, und das Werk, das er bearbeitet hat, in einen zu vortheilhaften Geſichtspunkt zu betrachten; Indeſſen glaube ich doch, daß jeder Schriftſteller verbunden, dem Publikum zu melden, **warum** er es vor nöthig erachtet, ihm über dieſen oder jenen Gegenſtand einige Belehrungen zu ertheilen, die **Geſeze,** die er ſich dabei vorgeſchrieben, aufrichtig zu entdecken, und den **Plan** ſeiner Arbeit, beſonders wenn er ſie in dem Fall, als ſie Beifall erhalten ſollte, noch etwas mehr auszuführen geſonnen iſt, vorzulegen --- und darüber will ich denn auch kürzlich dem geneigten Leſer meine Gedanken eröfnen.

Vorbericht.

Den **ersten** Anlaß zu diesem kleinen Werke gab mir die Wahrnehmung, daß vorzüglich für den Anfänger bei der Erlernung der vaterländischen Geographie und Geschichte nichts nützlicher, als eine genaue Kenntniß der Bücher, welche die gelehrte Welt schon in diesem Fache besizet: Denn wie oft wird er ausser dem entweder seine Zeit mit dem Lesen solcher Bücher verschwenden, die es eben nicht werth sind, oder in Gefahr stehen, gar solche Bücher zu seinen Lieblings-Schriften zu wählen, die völlig seinen Geschmack verderben, und ihn in dem Alter unfähig machen, seine vielleicht mühsam erworbene Kenntnisse anderen mitzutheilen? und daß dieses bei dem grosen Umfang der neueren Litteratur leicht möglich, wird wohl niemand läugnen. Den jungen Freunden und Liebhabern der vaterländischen Litteratur habe ich also vorzüglich diese pfälzische topographische Bibliothek gewidmet. Sie sollen, wie ich hoffe, daraus kennen lernen, was unsere Vorfahren und Zeitgenossen schon in diesem Fache gearbeitet haben, und was sie --- wenn ihnen anders die gütige Vorsehung dazu Geschick, Muse und Gelegenheit giebt ---

Vorbericht.

allenfalls noch zu thun haben, um einst etwas vollkommnes, oder wenigstens etwas, das sich der Vollkommenheit nähert, darinnen dem Publikum mitzutheilen.

Ich will zwar nicht behaupten, daß das Verzeichniß von Schriften, welches ich hier aufgesezet habe, vollständig seye, und also alles in sich fasse, was nur je von diesem Gegenstande geschrieben worden. Dann wie wäre das möglich, da ich in einer Stadt lebe, wo ausser dem kleinen Vorrath von Büchern, die ich selbst besize, und ausser den wenigen Nachrichten, die mir einige Freunde und Nachbarn mitgetheilet haben, gar keine Unterstüzung finden konnte, und also mir die meiste Kenntniß, nur durch einen mühsamen und kostbaren Briefwechsel, und durch etliche kleine dieser Arbeit ganz allein gewidmeten Reisen erwerben muste! Bei den lezteren hatte ich eine doppelte Absicht. Ich wollte nicht allein Männer persönlich kennen lernen, die ich schon wegen den Schriften verehrte, welche sie in der vaterländischen Topographie und Geschichte bearbeitet haben, und mich bei Ihnen wegen etlichen sehr seltenen

Vorbericht.

Büchern erkundigen; sondern auch die öffentlichen Bibliotheken, welche meistentheils die grösesten Schäze von der Art in sich enthalten, sehen und benuzen. Ich bin auch in beiden Stücken nicht ganz unglücklich gewesen. Ich habe in dem Umgang dieser Männer eben so vieles Vergnügen als Nuzen gefunden, und werde noch lange mit warmen Dank, an die freundschaftliche Unterredungen, deren sie mich gewürdiget haben gedenken, ja, ich würde hier Ihnen auch gerne namentlich und vor den Augen des Publikums danken, wenn ich nicht wüßte, daß sie zufrieden in der Stille gutes zu wirken, auf das öffentliche Lob, das oft so unrecht ausgetheilet wird, eben nicht viel halten. Auch bei etlichen öffentlichen Bibliotheken fande ich vieles, das ich bei meinem Unternehmen wohl gebrauchen konnte, und das ich vielleicht ohne sie vergebens gesucht hätte, ob ich gleich gestehen muß, daß die gütige Unterstüzungen meiner Freunden mir noch mehr genuzet hat, und daß ich, wenn mein Werkchen nur einige Vollständigkeit hat, es ihnen vorzüglich zu verdanken habe.

Die Geseze, die ich mir bei der Bearbeitung desselbigen vorgeschrieben habe,

Vorbericht.

und wodurch ich glaubte, wenigstens in etwas diese Vollständigkeit zu erreichen, sind kürzlich diese: Ich hielte es für meine Pflicht, die Schriften, die dahin einschlagen, selbst zu lesen, wo möglich ihren wesentlichen Inhalt, in einer gedrängten Kürze darzustellen, und bei der Beurtheilung nicht allein bescheiden, sondern auch unpartheiisch zu seyn --- und wo ich nicht selbst konnte urtheilen, weil viele von diesen Schriften ganz und gar ausser meinem Kenntnis-Kreise liegen, wenigstens solche Rezensenten anzuführen, welche selbst unpartheiisch sind, und längst den verdienten Beifall des denkenden Publikums haben. Nun ob ich diese Gesetze auch erfüllt, und Kennern ein Gnüge gethan, und wahrhaftig auf eine nuzbare weise gearbeitet habe? --- Das muß ich allein dem Urtheil anderer überlassen.

Ich glaube wohl, daß hier viele Leser Schriften finden, die in ihren Augen zu klein und zu unbedeutend sind, und daß sie behaupten werden: Es wäre nicht rathsam das Feld der Litteratur, das in Rücksicht auf würklich nuzbare Werke ohnehin aus-

gebreitet genug seye, bis auf dieselbigen
auszudehnen. Ich hatte selbst bei dem Anfang meiner Arbeit diese Gedanken. Aber
da der berühmte Joannis *) in seiner be=

---

*) In præfatione ad *Parei* Historiam bavarico-
palatinam p. 5. *Recensebimus autem non
typis solum ex scriptos, sed manu etiam, qui
nobis occurrerunt exaratos. Tum vero non
majorum Volumium adseremus auctores,
sed minorum etiam & levioris quasi momenti: quos inter nec illis locum plane hic denegabimus, qui versibus modo luserunt; vel
panegyricis tantum hujus vel illius laudes
celebrarunt; vel in pompis duntaxat quibusdam, solemnibusque describendis occupati
fuerunt: quandoquidem & id genus scriptores, tametsi aliis leviculi sint, nonnunquam historiæ rebusque gestis lucis aliquid
affundere palam est.* Ich wünsche, daß es
dem Herrn Professor Croll in Zweibrücken gefallen mögte, das Leben des seligen Joannis
zu beschreiben. Ohne Zweifel könnte er es
am besten thun, weil er alle Handschriften,
die der Verstorbene hinterlassen, in Händen
hat, und überhaupt die größte Kenntniß
auch in der vaterländischen gelehrten Geschichte besizet. Was Jöcher in der neusten
Auflage des gelehrten Lericons hat, ist gar
zu wenig, und ich habe Grund zu glauben,
daß, nach dem was Herr Croll selbst in
Historia scholæ illustris Bipontinæ (1767. 4.)
S. 4. §. 4. u. 5. davon kürzlich gemeldet,

Vorbericht.

kannten Vorrede, auch die kleinsten Schriften anzuziehen für nöthig erachtet, und ich in der genauern Geschichts-Erforschung den Nuzen davon einzusehen Gelegenheit gehabt habe, machte ich es mir zur Pflicht einem so nachahmungswerthen Muster zu folgen, auch denke ich, daß den Liebhabern der vaterländischen Litteratur, welchen alles schäzbar ist, was nur einigen Bezug darauf hat, meine auf Vollständigkeit verwandte Mühe nicht unangenehm seyn werde.

Den Plan der ganzen topographisch sowohl als historisch. pfälzischen Bibliothek, wozu ich einige Jahre her schon sehr vieles gesammelt habe, lege ich nur zu dem Ende dem Publikum vor, um den Kennern dadurch

doch sehr wichtige Auftritte in dem Leben dieses berühmten Mannes vorkommen müssen; und wie schäzbar wäre nur eine genaue Anzeige seiner Handschriften, wovon Jöcher nur einige anführet. Von seinem Aufenthalt in Frankfurt findet man etwas weniges in *Rusdorfii* Consiliis & Negotiis publicis. (Francof. 1725. Fol.) in der Vorrede S. 2.

Vorbericht.

Anlaß zu geben, mir diejenige Erinnerungen gütigst mitzutheilen, die zur besseren Bearbeitung derselbigen dienen können, mit der heiligsten Versicherung, daß ich sie allezeit mit dem warmsten Dank annehmen und redlich benuzen werde ---- um zu erfahren, ob ich, wenn die topographische geendiget, (welches wohl mit dem 2ten Hefte geschehen wird) auch die historische Bibliothek anfangen soll oder nicht.

Der Verfasser.

Plan
der Pfälzischen Bibliothek.

I. Abtheilung.
Pfälzische topographische Bibliothek.

I. Kapitel: Von Land-Karten und ältern und neuern topographischen Schriften überhaupt und insbesondere.

§. 1. Von Schriften, welche uns einige Nachricht von den pfälzisch. Land-Charten geben S. 1-4.

§. 2. Von den Schriften, worinnen die jetzige Pfalz am Rhein nach den Gauen des mittlern Zeitalters beschrieben wird S. 4-14.

§. 3. Von den ältern pfälzischen topographischen Schriften S. 14-20.

§. 4. Von den neuern, die entweder die Pfalz am Rhein allein beschreiben, oder auch in allgemeinen geographischen Compendien davon gehandelt, oder auch nur Beiträge dazu geliefert haben S. 20-36.

§. 5. Von Reisebeschreibungen, darinnen auch zum Theil der Pfalz am Rhein gedacht wird S. 37-47.

II. Kapitel: Von den Schriften, welche die Pfalz am Rhein vorzüglich auf der physikalisch-Oekonomischen Seite beschreiben.

§. 1. Von den Schriften, die insgemein davon handlen S. 48-58.

§. 2. Von den Schriften, die insbesondere diesen Gegenstand bearbeiten, und doch ihre Beziehung auf die ganze Pfalz haben

Plan.

 A. Von dem pfälzischen Pflanzenreich S. 59 64
 B. Von pfälzischen mineralogischen Schriften S 64.72.
 C. Von pfälzischen mineralogischen Wassern insbesondere S.72 75.
 D. Von pfälzischen Schriften zur Natur-Geschichte der Menschen und der Thieren gehörig:
  a) Von den Menschen S.75. 76
  b) Von den Thieren S. 76.
  c) Von den Insekten insbesondere S. 76. 80.

 III. Kapitel: Von den Schriften, welche die Pfalz am Rhein, in Ansehung dieser oder jener Gegend insbesondere beschreiben, und zwar von den drei Hauptstädten insgemein S. 81.107.

 IV. Kapitel: Von den drei Hauptstädten insbesondere.
  §. I. Von der Residenz-Stadt Mannheim.
  A) Von der Geschichte dieser Stadt S. 108.117.
  B) Physikalisch ökonomische Schriften von dieser Stadt S. 117.131.
  C) Von den Schriften über den Ursprung von verschiedenen geistlichen Gebäuden S. 132.138.
  D) Von den Schriften über den Ursprung von verschiedenen weltlichen Gebäuden S. 138.140. (*)

(*) Dieses ist nun in diesem ersten Heft enthalten, die übrige topographische Schriften sollen im folgenden angezeigt werden.

§. 2. Von der alten Residenz-Stadt Heidelberg, nach eben diesem Plan.

§. 3 Von der neuern dritten pfälzischen Hauptstadt Frankenthal, auch nach diesem Plan.

V. Kapitel: Von den Schriften über die Oberämter dieseits des Rheins, Neustadt, Germersheim, Oppenheim, Alzei, Kreuznach, Bacharach, Simmern, Stromberg, Lautern, Lauterecken und Veldenz.

VI. Kapitel: Von den Schriften über die Oberämter jenseits des Rheins, Heidelberg, Ladenburg, Bretten, Mosbach, Boxberg, Ozberg und Umstadt.

VII. Kapitel: Von den Schriften über die Land-Karten und Topographien des Herzogthums Zweibrücken.

II. Abtheilung.
Pfalzgrafen-Geschichte.

I. Kapitel: Von den Schriften über die Würde eines Pfalzgrafen überhaupt.

II. Kapitel: Von den Schriften, darinnen ihre Genealogie bearbeitet ist, a) Von den Pfalzgrafen am Rhein insgemein, b) von dieser oder jener Linie insbesondere.

III. Kapitel: Von den Geschichtschreibern der Herrn Pfalzgrafen, a) der Aeltern, b) der Neuern, c) beider zusammen genommen, d) dieser oder jener Linie, e) dieses oder jenes Pfalzgrafen insbesondere.

IV. Kapitel: Von den Geschichtsschreibern der Herrn Pfalzgrafen aus dem Herzoglich-Zweibrückischen Hause.

III. Abtheilung.
Von den Schriften über das Pfälzische Staatsrecht.

I. Kapitel: Von den Schriften, welche daſſelbige in einer Syſtematiſchen Ordnung bearbeitet haben.

II. Kapitel: Von denen, in welchen von einigen Vorrechten des pfälziſchen Hauſes insgemein gehandelt wird.

III. Kapitel: Von den Schriften dieſes oder jenes Vorrechts insbeſondere, a) Von dem Richter-Amt über den Kaiſer, b) Von dem Erztruchsſeſſen-Amt, c) von dem Erzſchazmeiſter-Amt, d) von der Kurwürde, e) von dem Reichs-Vicariat, f) von dem Wildfangs-Recht, g) von dem pfälziſcheu Münz-Regeln, h) von dem Oberrheiniſchen Kreis-Directorium, i) von dem Dominio - Rheni, k) vom Hof-Schild- und Fahnen-Träger-Amt, l) Geleit und Oefnung, m) Territorial-Superiorität in den Vogteiligen Orten des Oberamts Heidelberg und Mosbach, n) Präſentations-Recht bei der Kammer zu Weʒlar, o) Lehen-Recht, p) Verhältnis des Adels im Craichgau gegen Kurpfalz

IV. Kapitel: Von den Streitſchriften und Deductionen, wegen der Erbfolge in dem Churhaus, und bey den beſondern pfälziſchen Neben-Linien.

§. 1-6. Bei den Todt der Kurfürſten, von Ludwig IV. bis auf Karl, von 1583-1685.

§. 7. Bei dem Todt des Pfalzgrafen Leopold Ludwigs zu Velbenz 1694.

§. 8. Gustav Samuel, zu Zweibrücken 1731.
§. 9. Wegen dem Successions-Recht in die Jülichische Länder; und bei andern Pfälzischen Linien.

V. Kapitel: Von pfälzischen Deductionen und Gegen-Deductionen, in Betref verschiedener strittigen Herrschaften, Lehen, und dergleichen.

IV. Abtheilung.
Von den Schriften über die pfälzische Religions-Geschichte.

I. Kapitel: Von der Pfälzischen Religions-Geschichte.

§. 1. Von den Schriften, worinnen sie überhaupt bearbeitet ist.

§. 2. Von denen, welche nur die Religions-Geschichte in diesem oder jenem Zeitpunkt betreffen; von dem Kurfürst Ludwig dem Friedfertigen bis auf unsere Zeiten, d. i. von 1517-1784.

II. Kapitel: Von den Schriften, welche die Religions- und Kirchen-Geschichte in dem Herzogthum Zweibrücken erläutern, von dem Herzog Ludwig bis auf unsere Zeiten, 1517-1784.

III. Kapitel: Von den Schriften über die Religions-Geschichte anderer Pfalzgräflicher Länder, z. B: Neuburg und Veldenz.

V. Abtheilung.
Von den Schriften über die pfälzische Gelehrten-Geschichte.

I. Kapitel: Von der pfälzischen Gelehrten-Geschichte überhaupt.

§. 1. Von denen Schriftstellern, welche sie in einer systematischen Ordnung zu beschreiben versucht haben.

§. 2. Von denen, welche bisher nur schäzbare Beiträge dazu herausgegeben haben.

II. Kapitel: Von den Schriften über die Buchdruckerei, den Bücher-Handel, öffentlichen und Privat-Bibliotheken, seltenen Büchern u. dergl. in der Pfalz.

III. Kapitel: Von den Schriften über die Geschichte der Künste und Wissenschaften in den pfälzischen Ländern.

IV. Kapitel: Von den Lebensbeschreibungen pfälzischer Gelehrten.

* * *

An diesem Plan werde ich, je nachdem ich in den besondern Fächern noch mit Beiträgen unterstüzet werde, oder je nachdem ich einige Erinnerungen von Kennern und Liebhabern erhalte, in der Folge ohne Zweifel verschiedenes ändern. Ich habe ihn also nur zu dem Ende aufgesezt, um dem Leser zu erklären, was er, wenn die historische Bibliothek auch gedruckt werden sollte, zu erwarten hat. Die Ordnung in der dritten Abtheilung, von dem pfälzischen Staatsrecht, muß ohne hin nach dem Rang, der den mannigfaltigen Gegenständen in einem systematischen Zusammenhang zukömmt, geändert und abgefasst werden.

Topographische
Pfälzische Bibliothek.

Erstes Kapitel.
Von Land Charten und ältern und neuern topographischen Schriften überhaupt und ins besondere.

§. 1.

Von den Schriften, welche uns einige Nachricht von den Pfälzischen Land-Charten geben.

Hausers (David) Historie der Land-Charten S. 83.

-- -- Discours vom gegenwärtigen Zustand der Geographie. S. 7.

Daraus hat seine Nachricht entlehnet Moser in seiner Einleitung in das Kurpfälzische Staats-Recht. (1762.8.) S. 4.7.

Georgi (Joh. Gottfried) in den curieusen Gedanken von den Land-Charten. Cap. 14. §. 8. S. 44.

Diesem Verfasser ist gefolget *Joannis* in præfatione ad *Parei* historicam bavario-palatinam. de scriptoribus palatinis. S. 15.

c) **Büsching** (A. Fr.) **neue Erdbeschreibung. IIIter Theil von Teutschland 6. Auflage. Hamburg** 17.9. S. 1.06.

Der Verf gedenket namentlich einer alten zu Heidelberg bei Marco zum Lamm ans Licht getrettenen Charten vom Jahr 16 2. und der neuern von *Mercator*, *Blaeuw*, *Quade*, *Jaillot*, *Funck*, *Witt*, *Vischer*, *Valck*, *Janson*, *Danckert*, *Schenck* und *Homann*, welche leztere im Atlaß von Teutschland die 23. ist. Man kann noch hinzusezen, die von *du Feù*, *Seuter*, und *Lotter*. Aber eben das, was alle oben angeführte Schriftsteller von denen ihnen bekannten Pfälzischen Charten behaupten, daß sie insgesammt nicht viel taugen, das muß ich auch von diesen sagen. *Du Feüs* Charte, von *Iselin* gestochen, ist mit französischen Oerter-Benennungen entstellt, hat keine Graden-Bemerkung, und ist unbrauchbar, weil sie von den Ober-Aemter **Mosbach**, **Bretten**, **Boxberg** und **Bacharach** nicht einmal ein Ort benennet. Seuter war, wie bekannt, ein seltener verbessernder, und oft verschlimmernder Nachstecher der Homannischen Charten; und die von dem ältern Lotter haben auch ihre große Fehler. Die von **Walther** in 2 Blättern hat, nach *Joannis* Vorrede, folgenden Titel: Pars orientalior Palatinatus & Electoratus Rheni; --- Pars occidentalior. Palatinatus Rheni, Ducatus Simmerensis, Comitatuum Spanheim, Veldenz --- nova & accurata defcriptio, ex probatiſſimis auctoribus defumta. Ich beſitze noch folgende, die von den Liebhabern der pfälziſchen Topographie ſehr geſchätzet werden. Die erſtere wird in Auctionen wohl um einen Gulden verkaufet.

1) Geographiſches Kriegs-Theatrum der Kaiſerlichen und Reichs, wie auch franzöſiſchen Armeen am Rheinſtrom, ſamt dem Moſel und Nekarfluß, wobei alle Marſchen bei den Armeen, ſo Anno 1734 geſchehen, angezeiget werden. Nürnberg bei Adam Jonathan Felſchers ſelg. Erben.

2) le Palatinat du Rhin. 1766. par. mr. de *Pfiſter*. Jng. capitain. Seb. *Dorn* ſculpſit. Norinbergæ. Ganz klein aber ſehr genau. Es ſind Flüſſe darauf, die man auf größeren Charten vergebens ſuchet. Herr Expeditor Hoſe in Heidelberg hat ſie nach den Oberämtern illuminiret, und ſie fällt auf dieſe Art recht gut in die Augen. Von dieſer oder jener Pfälziſchen Gegend ſind mir noch folgende Charten bekannt.

1) Die Gegend zwiſchen Landau, Speier und Philippsburg. Gabriel Bodenehr fecit & excudit.

2) Die Gegend von Mannheim, Heidelberg und Schwezingen von Hrn. Hof=Astronomus *Mayer* unter dem Titel: Basis novæ Chartæ palatinæ 17˙3.

3) Die Gegend um Mannheim von Hrn. Ing. Hauptmann Denis 1782, welche alle übertrift, aber auch 3 Gulden kostet.

4) Die schöne Charten von der Pfalz von eben diesem Herrn, aus dem mittlern Zeitalter befinden sich bey den Beschreibungen des Hrn. Lamei von dem Speirer = Lobbens Rhein = Worms = Kraich = und Rohr Gau in den Actis der Mannheimer Akademie Tom I u. f.

5) In dem ersten Heft des pfälz. Museums 1783. S. 44. finde ich in der Lebens=Beschreibung des sel. Mayers auch folgende unter seinen Schriften angezeiget: Charta Geographica. Ein kostbares Werk, das die Länge und Breite der Oerter am Rhein von Worms bis Basel sehr genau, auch nach astronomischen Beobachtungen bestimmt. Der Druck derselben ist schön und zierlich angefangen, aber noch nicht vollendet. Ich wünsche, daß es dem jüngern Herrn Lotter gefallen mögte eine Charte von der Pfalz zu entwerfen, weil er nach den Proben, die er schon herausgegeben, gewiß etwas vorzügliches liefern könnte.

§. 2.

Von den Schriften, worinnen die jezige Pfalz am Rhein nach den Gauen des mittleren Zeitalters beschrieben wird.

a) FREHERI *Origines palatinæ.* Heidelb. 1599. 4. ibid. 1613. Folio. ibid. 1686. 4. Carlsruhæ. 1748. 8.

Diese lezte Ausgabe ist die vollständigste, weil der Herausgeber, der verstorbene geheime Rath von Reinhard noch andere merkwürdige pfälz. topographische Schriften dazugefüget hat. Sonst hat er bei dieser Arbeit auch nichts eignes, als die Vorrede und die Reihe der Pfalz-Grafen, von Frehers Zeiten an bis auf die unsrige. S. 230 --- 238. Freher hat sich bei seiner Arbeit des berühmten Codicis-laureshamenſis bedienet, der sich damals in der Kurfürstlichen Bibliothek in der Handschrift vorgefunden, und den wir nun (wie unten wird gemeldet werden,) im Druck besizen. Er hatte zu seiner Zeit so viel Ansehen, daß die bekanntesten Schriftsteller ihm auch darinn blindlings gefolget sind, wie z. B. Tollner in Historia palatina, Codice diplomatico, pag. 10. *Paulini* de Pagis germaniæ. pag. 115. *Juncker* in Geographia medii ævi. part. II. cap. 5. *Struv* in nova Editione ſcriptor. rer. germ. Freheri. Tom. I. Indeßen ist es ihnen nicht zu verüblen, weil sie den Codicem lauresh. nicht einsehen, und also nicht bestimmen konnten, ob er diese Handschrift redlich gebrauchet, und bei dessen Einsicht allen nur möglichen Fleiß angewendet oder nicht? In etwas hat doch den Freher aus Fuldischen Urkunden vermehret und berichtiget *G. Beſſelius* in Prodromo Chronici Gothvic. part. 2. Siehe Hrn *Lamei* deſcriptione Pagi Lobodunenſis in Actis Acad. Mannh. Tom. I. S. 216. *Freher* beschreibt die Lage der jetzigen Pfalz am Rhein in dem mittlern Zeit-Alter nach den verschiedenen Gauen, worinn sie zu der Zeit eingetheilet war: nach den drey größeren, dem Speirer - Worms - und Nahgau; und nach den drey kleineren, dem Lobden - Kraich - und Nekar - Gau. Berichtiget und weit vollständiger ausgeführet werden eben diese Gauen in folgender Arbeit:

b) LAMEJI (Andr.) *Deſcriptio pagi Lobodunenſis, Wormatienſis, Rhenenſis, Spirenſis, Craichgoviæ et Navenſis,* in *Actis Acad. Mannh. Tom. I.*

In der Beschreibung des alten Lobden-Gaues S. 21-. §. 3. erkläret der H. Verfasser die Art und Weise wie er alle diese Gauen zu beschreiben gesonnen seye, und wodurch er eben viele Vorzüge vor seinen Vorgängern zu haben glaubet. Er erzählet nicht allein die bloße Namen jedes Gaues, sondern zeiget auch aus sichern Urkunden allezeit die Gelegenheit an, bei welcher sie angeführet werden, woraus erhellet, wann sie an das Kloster Lorsch gekommen, und zu welchem Gau sie eigentlich gehöret. Hernach beschreibet er erst die Gränzen, welche der Gau gehabt, und gedenket kürzlich der Grafen Namentlich, die über denselben geherrschet haben --- mit einem so grosen Kritischen Fleiß, daß jeder Liebhaber der Vaterländischen Geschichte gewiß die Fortsezung dieser Arbeit sehnlichst wünschen wird. Die dabei gefügte Land-Charten aus dem 8. 9. und 10 Jahrhundert sind sehr genau gezeichnet, und geben uns erst einen rechten Begriff von der Lage und natürlichen Beschaffenheit der Pfalz am Rhein in dem damaligen Zeit-Alter.

c) **Kremers** (Christ. Jacob) **Oestliches Franzen**, in seinen Gauen eingetheilet. Eben daselbst. Tom. IV. S. 147 --- 178.

Die Abhandlung ist allein Geographisch und deßwegen für den Pfälzer merkwürdig, weil die alte Lage von dem Oberamt Boxberg, und einem grosen Theil des Oberamtes Moßbach daraus gezeiget werden kann. Das erstere war ehemals in dem Tuber-Gau, und das leztere, nach sehr vielen Orten wenigstens, in Wingartweiba gelegen.

Kremers (Christ. Jacob) *Ripuarische Provinz* und die in derselben gelegene ʄ **Grafschaften.** Eben daselbst S. 67: 185.

Auch für den Pfälzer merkwürdig, wegen der ersten ursprünglichen Lage der Jülichischen Landen, welche nun mit dem Hause Pfalz verbunden sind.

--- --- **Geschichte des Rheinischen Franziens unter dem Merovingischen und Karolingischen Königen bis in das Jahr 843. Als eine Grundlage zur Pfälzischen Staatsgeschichte** Herausgegeben von A. Lamei. Mannh. 1778. 4.

Der erste Theil enthält die Geschichte des Rheinischen Franziens bis zur Theilung der Fränkischen Monarchie, oder bis auf das Jahr 511; Der zweite die Geschichte desselben unter den Merovingischen Königen des Austrasischen Reichs, oder vom Jahr 511 - 752. und der dritte liefert die Geschichte unter den Karolingischen Königen, bis auf die Theilung der Fränkischen Monarchie, im Jahr 843. wo die von dem Verfasser unbearbeitet gelassene Geschichte der letztern 10 Jahre Hr. Lamei hinzugefüget hat. Der Geographische Theil dieser Arbeit von den Gränzen dieses alten Herzogthums S. 42-81. und die genaue Aufzählung von dessen Gauen S. 81 — 155. ist eben so richtig, als der von der Geschichte, und gründet sich ganz auf die neuere glückliche Entdeckung in Rücksicht auf die Geographie des mittlern Zeit-Alters, von der Ueberinkunft der Bischöflichen Kirchensprengel mit den alten Gauen und Provinzen, als wodurch in diesem Werk nicht nur die Pfalz am Rhein, sondern auch viele andere Provinzen des deutschen Reichs-ungemein beleuchtet werden. Wenn man die Vorrede lieset, und dem grosen Vornehmen des Verfassers, die ganze Pfälzische Geschichte auch vom Jahr 843, (als womit sich dieses Werk endiget,) bis auf das Jahr 1155. zu bearbeiten, nachdenket; so bedauert man gewiß seinen für die Vaterländischen Geschichte zu frühen Tod, indem er schon den 19. April 777. gestorben ist. Beygefüget sind 2 unter den Handschriften des Verfassers gefundene und noch nicht völlig ausgearbeitete Anhänge vom Ursprung des Erzbistums zu Mainz, und von Entstehung des heutigen Frankenlands. Die Beylagen S. 401-415 enthalten IX Urkunden, und ein gutes Register erleichtert den Gebrauch des ganzen höchst wichtigen Werkes ungemein. Siehe allg. deutsche Bibl. XXXVIII. Band. S. 35-38.

d) CROLLIUS (G. Chr.) *de antiquo Ducatu Franciæ Rhenensi* in *Actis Acad. Mannh.* Vol. III. S. 433-480. Eine Preiß-Schrift über die Frage, welche die Academie 1767.

zur Erörterung vorgelegt: Ob ein Herzogthum Franken am Rhein --- und wie es beschaffen gewesen sey? Sie war Anfangs in deutscher Sprache aufgesezt, und der H. Verfasser hat sie auch darinnen der Academie übersendet; er übersezte sie aber hernach selbst in die lateinische (dann dieser in der That groser und glückliche Geschichtsforscher ist in beyden Sprachen gleich stark,) damit auch auswärtige der deutschen Sprache unkundige Gelehrten sie benuzen könnten. Es wird nicht allein darinnen bewiesen, daß das Rheinische Franzien ein groses Herzogthum gewesen, sondern dessen wahre Beschaffenheit und das Ansehen und die Würde seiner Regenten wird zugleich aus den besten Quellen erläutert. Der sel. Kremer hat dieses hernach in der oben angeführten Schrift theils erweitert, theils bestätiget.

e) *Codex principis olim laureshamensis Abbatiæ diplomaticus, ex ævo maxime carolingico diu multumque desideratus. Edidit, recensuit & præfata est Academia Elect. Scient. & elegant. Litt. Theodoro-Palatina. Mannhemii*, 1768. III. Bände in 4.

Aus diesem Werk ist gar vieles in den oben angeführten Schriften geschöpfet, und man muß bekennen: wenn die Mannheimer Academie der Wissenschaften auch keine andre Schriften außer der schönen Ausgabe dieses Codicis bearbeitet hätte, so hätte sie

allein deswegen den Dank der Nachwelt
verdienet. Kenner können nicht genug rühmen, wie sehr dadurch die Geschichte und
Erdbeschreibung des mittlern Zeitalters,
fürnehmlich in den Rheinischen Gegenden,
aufgekläret werde, indem die Herausgeber
nicht allein die Chronologie ihres Originals
verbessert, sondern auch durch viele nüz-
liche Anmerkungen noch brauchbarer gemacht
haben. Der erste Band enthält 622 Seiten,
und die Vorrede erzählet die Geschichte dieser merkwürdigen Sammlung von Urkunden,
welche zu Ende des zwölften Jahrhunderts
in dem Kloster Lorsch aufgesetzet worden,
und die hernach nach Mainz und von da
aus nach Heidelberg kame, wo Leodius,
Freher, Helwich und Bessel sie bei ihren
Arbeiten benuzet haben. Band 1. Seite 1-
280 stehet das Chronicon laureshamense,
welches schon *Freher* Tom. I. rer. germ.
aber sehr unvollständig abdrucken lassen.
Seite 287-622 sind die reiche Geschenke an
Güthern und ganzen Herrschaften aufgezeichnet, welche das Kloster Lorsch in dem alten
Rhein und Lobden-Gau von Fürsten,
Grafen, Rittern und andern Personen des
geringsten Standes erhielte; Mit diesen Traditionen aus dem Worms-Spei-
rer-Kraich und Nekar und andere Gauen
sind noch die zwey übrige Bände angefüllet.
Der zweite hat ohne die Vorrede 644, und
der dritte Band ohne Vorrede und 3 sehr ge-

naue Register 312 Seiten. Es wäre ganz unglaublich, daß man in jenen Zeiten so freygebig gegen ein einziges Kloster, als welches eben dadurch königliche Einkünfte erhielte, hätte seyn können, wenn nicht hier untrügliche Beweise aufgestellet würden. In der Vorrede zum zweiten Theil wird das Unternehmen der Mönchen zu Tegern=See in Bayern gerüget, die nach dem Mannheimer Abdruck auch diesen Codicem herausgegeben, und listig auf den Titel das Jahr 1766 gesetzet, und damit der Academie den Ruhm ihres Fleißes schändlich rauben wollten. Dieses hat auch der Berliner Rezensent bemerket, ob er gleich sonst nicht ganz gerecht gegen die Herausgeber ist, und ohne Grund es tadelt, daß sie die Urkunden verstümmelt hätten, da andre in dem Gegentheil sie deßfalls loben werden, weil nichts als gleichlautende Formeln, davon sie vorher Beispiele genug aufgestellet, ausgelassen worden. Kenner und Liebhaber werden ihnen dafür danken, weil dadurch der Preiß des Werkes nicht zu hoch angesezet wurde.

f) Beiträge zur Sittenlehre --- Naturlehre und Geschichte --- aus den Westlichen Gegenden Deutschlandes. 1. Stück. Mannh. 1770. 8.

In dem ersten Aufsaz wird die unmittelbare Nachbarschaft des alten Ducatus Ripuariorum und des Pagi Wormazfeldæ

(Wormsgau) von J. B. P. auf eine bündige Art erwiesen, und dadurch eine dunkle Stelle in den Ber'inischen Jahrbüchern, worinnen von der Theilung Ludwigs des Frommen unter seinen Söhnen gehandelt wird, vollkommen ins Licht gesezet. Siehe Betrachtungen über die neuesten historischen Schriften III. Band. I. Abschnitt. S. 123. Von der Lage und ältern Beschaffenheit der Gegend und des Bistumm Worms hat auch vieles *Schannat* in *historia Episcop. Wormat.* Tom I. Siehe die Rezension dieses Werks in den deutschen Actis eruditorum S. 609-639. im 189 Theil, und den 140. Theil, wo S. 760. angezeiget wird, daß in *Glafeys* Collectione Anectotorum Hist. ac. Jus. publicum illustrantium. part. I. num. 433. ein Brief Carls des IV. zu finden, worinnen er den Bischof und das Capitul des St. Paul Stiftes zu Worms bei dem Besiz der Güther schüzet, so zum gedachtem Capitul gehören, und daraus *Schannat* ergänzet werden könne.

g) Von Gunderode (Hect. Wilh.) Von den vornehmsten Ursachen, welche den Verfall der Geographischen Eintheilung des deutschen Reichs besonders der rheinischen Länder in Gauen verursachet hat. In Actis Acad. Mannh. Tom. IV. hist. S. 18-26, und in des Verfassers Beiträgen zur Rechtsgelehrsamkeit, Geschichte und

Münzwissenſchaft. Gieſſen 1778. in 8.
S. 1 - 26.

Unter die vornehmſten Urſachen rechnet
der H. Verfaſſer a) die Landeshoheit, welche
die Gau=Grafen im 11. und 12. Jahrhundert erhalten, und wodurch ſie angereizet,
ihren Herrſchaften gerne andere Namen ertheilten. b) Die groſe Güter, welche die Geiſtlichen
ſich damals erworben, und die, wie jene,
aus gleichen Urſachen ſie auch anders benennten, damit nemlich das Andenken der vorigen Eigenthümer gänzlich vertilget würde.
c) Die Nothwendigkeit in welche ſich eben
dadurch die Kaiſere verſezet ſahen, denen
ihnen noch eigenen Diſtricten auch andere
Namen beizulegen.

§. 3.
Von den ältern Pfälziſchen topographiſchen Schriften.

A.
Von der Pfalz am Rhein überhaupt.

a) ZEILERI (M. art.) *topographia Palatinatus.* In deutſcher Sprache. Frankfurt
1645. Folio.

Die Kupfer ſind bekannt und ſehr ſchön;
aber die dabei ſtehende Städte= und Oerter=
Beſchreibung meiſt unrichtig, und ganz geſchmacklos. Daher ſagt JOANNIS in *præfatio-*

u. S. 8. prodiit curante Math. Meriano, *una cum Figuris aneis pulcerrimis nitidiſſimiſque, Ceterum in multis manca eſt, in multis vulgi ſtat opinionibus; quin veris falſa miſcet, tum nec diſtincte ſemper procedit, nec ordinatim.* Wenn die Herren Schwan und Robel hätten, nach ihrer Nachricht an das Publicum in den Rheinischen Beiträgen 2. Jahrgang. 1. Band. S. 315-326 ihr Unternehmen, die ſchönſte Gegenden und Ausſichten in der Pfalz in Kupfer zu ſtechen, vollführen können; ſo würde endlich Zeiler verdrängt worden ſeyn.

b) Der Pfalz am Rhein Staat Land-Stadt und Geſchicht-Spiegel, vorweiſend eine politiſch-topograghiſch-und hiſtoriſche Beſchreibung der Kur- und Fürſtenthums am Rhein Augſpurg 1691. Fol.

Der Verfaſſer iſt nach Joannis Muthmaſung, Joh. Chr. Wagner von Nürnberg, der aber Wenig in dieſem Werk geleiſtet hat. Die Staats-Beſchreibung nimmt kaum etliche Bogen ein, und bei der Städte-Beſchreibung iſt alles ohnehin aus dem ſehr unrichtigen Zeiler entlehnet; eigen iſt dem Verfaſſer, daß er bei jedem Ort den Tag beſtimmt, wann die Franzoſen im Jahr 1688. denſelbigen zerſtöret haben. Siehe Joannis addenda & emendanda ad *Parei* Hiſt. pal. S. 599.

B.

Von einigen Städten und Gegenden in der Pfalz am Rein ins besondere.

a) *Spicilegium antiquitatum palatinarum eis Rhenarum.* Kurzer Bericht von dem sogenannten kleinen Frankreich, oßen Untermarkung, dem Rheinstrom, sammt denen an der Frankreichischen Seite des Rheins allernächst gelegenen Städten und namhaftigsten Orten zur Pfalz eigentlich gehörend: Selz, Germersheim, Altrip, Oppenheim, Bacharach, wie auch des Kaisers *Caroli Magni*, des alten deutschen Helden Heimberot und Geburtsstadt, Ingelheim. A. J. F. 1613. 4. 34 Seiten.

Dieses ist der Titel, von einer sehr unbeträchtlichen Schrift, den Joannis S. p. und Struv in Bibl. Hist. nicht ganz angeführet haben. Es scheint daß Zeiler sich vorgenommen, dieselbige in seinem grösern Werk nachzuahmen, weil sie in dem nemlichen Geschmack geschrieben ist.

b) *Antiquitates palatinæ ex Joh.* AGRICOLAE --- *Viridario & aliis Mst. collecta per Jac.* BEYRLIN, *in Monum. Pietat. & Litt.* S. 251 = 224. Die Mug und Nebel zu Frankfurt 1721. im 4. herausgegeben.

Der Text ist deutsch und erzählet den Ursprung von etlichen Pfälzischen Oertern und Gegenden. Die Herausgeber sagen aber selbst
in

in der Vorrede, daß viele Fabeln darinnen enthalten, die aus dem Kloster Weisenburg entlehnet seyn sollen --- Die aber längst verworfen sind.

c) *Anonymi succincta descriptio circuli Rhenani inferioris*, oder kurzgefaßte Beschreibung des Kur- oder Nieder-Rheinischen Kraises, mit Kupferstichen. Franckf. und Leipzig. 1704. 12.

Ich kann eben so wenig über den Text als über die Kupferstiche urtheilen, weil ich das Buch selbst noch nie gesehen, sondern nur angezogen gefunden in Catalogo bibl. *J. F. Wundii*, (Heidelb. 1769. in 8.) S. 192.

d) Die Last und Lust der Innwohner am Nieder-Rheinstrom. Franckf. und Leipzig 1734. in 8.

Die Beschreibung der unter andern darinnen angeführten Pfälzischen Oerter ist eben so mager, als die Erzählung von den Drangsalen, die sie in den ältern sowohl als neuern Kriegs-Zeiten ausstehen musten.

e) *Antiquarius* des Rheinstrohms. Franckf. 1739. 8.

f) --- --- Des Nekar-Mayn-Mosel- und Lahnstrohms. ebend. 1740. 8.

Der Verfasser Joh. Herm. Dielmann, lebt zu Frankfurt am Mayn. Er gab auch 1774 den Antiquarius des Elbstrohms heraus, und ist zugleich Verfasser des allgemeinen Hydrogaphischen Wörter-Buchs aller Flüsse und Ströme in Ober- und Nieder-Deutschland. Frankfurt und Leipzig. 1741. ebend. 1768. Uebrigens ist die Beschreibung der Oerter an diesen Strömen im Geschmack, und an gar vielen Stellen, mit den eigenen Worten des Zeilers bearbeitet Die neue Auflage vom Antiquarius des Rheinstroms 1774 ist etwas besser, weil Büsching dabei gebrauchet worden.

g) **Herzogs (Bernhard) Beschreibung des Kraich-Gaues, sammt dessen angehöriger Ritterschaft. 1596. Fol.**

Der Verfasser war zuerst Sekretarius bei dem Herzog Wolfgang von Zweybrücken, und hernach in Diensten der Herrn Grafen von Hanau-Lichtenberg, gebohren zu Weisenburg 1537. Er hat viele historische Arbeiten verfertiget, die alle noch zu Frankfurt am Mayn in der öffentlichen Bibliothek als Handschriften aufbewahret werden. unter welchen sich auch diese Beschreibung befindet. Ihr innerer Werth ist mir unbekannt, dann Joannis sowohl, als Herr Croll haben davon nichts gemeldet. Indessen ist es sehr wahrscheinlich, daß der fleißige Mann viel lesenswürdiges darinnen an-

gebracht habe, wie in seiner bekannten El-
sasser Chronick, welche nach dem Urtheil des
H. Crollo vieles in sich enthält, das auch
jezo noch dienlich ist, obgleich Schurzfleisch
Tom. I. Epist. 384. S. 431. ein sehr wie-
driges Urtheil davon fället. Man hat auch
noch 2 andere Arbeiten in der Frankfurter
Bibliothek von dem Verfasser, die hieher
gehören: 1) Beschreibung des Was-Gaues,
Speier = Worms = Gaues und der
Stadt Worms, sammt deroselben angehörigen Ritterschaft. 1. 2. Buch. Folio.
2) Beschreibung der Wetterau, Rhingau,
Westerwald, Hundsrück, Mosel-Strom,
Eberswald, Nohe und Güldenbach, samt
der angehörigen Ritterschaft. 3. und 4.
Buch. Fol.

Das 5. Buch, in der Fortsetzung von
diesen vier, ist die Beschreibung vom Kraich-
Gau. Siehe *Joannis* Miscellanea S. 197.
und von dem Leben des Verfassers überhaupt
Herrn Crolls Memorabilia de Bernharda
Herzog Biponti 1768. 4.

h) CHYTRÆI (Dav.) *Oratio de Greichgæa*,
Wittb. 1591. 4. in *Freheri* Originibus pa-
lat. de anno 1599. S. 52-77. und ex edi-
tione *Rheinhardi*. Carlsruhæ S. 487-522.
Auch in der Sammlung von des Verfassers
Reden, Hanoviæ, 1014. in 8. S. 428-522.

Herr **Lamei** bemerket in descriptione pagi Graichgoviæ S. 126. daß *Chytraus*, und viele andere, ganz falsch solche Oerter zu dem Kraich-Gau rechnen, die gar nicht dazu gehören. Die Rede selbst ist angenehm zu lesen.

§. 4.

Von den neuern, die entweder die Pfalz am Rhein allein beschrieben, oder auch nur in allgemeinen Geographischen Compendien davon gehandelt haben, oder auch nur Beiträge dazugeliefert haben.

a) **Neue Europäische Staats- und Reise-Geographie. IV. und V. Band. Ober- und Niederrheinischer Kreiß. Leipzig. 1754. gr. 8.**

Jeder Theil hat fünf Kapitel, darinnen die Kreisen nach ihren Geographischen, physicalischen und politischen Lage beschrieben sind, verbunden mit der Landes-Geschichte und einer kurzen Städte-Beschreibung; aber in Rücksicht auf die Unterpfalz wäre unendlich vieles zu berichtigen, dann die Quellen, woraus die Verfassere geschöpfet haben, sind seicht und gar vieles aus dem Zeiler und Rhein- und Nekar-*Antiquarius* entlehnet.

b) **Hübners** (Joh.) vollſtändige Geographie IIIter Theil. 8te Auflage. Hamburg, 1756. 8.

Der Geſchmack des Mannes in ſeinen Geographiſchen Arbeiten iſt bekannt. In dem Oberrheiniſchen Kreis handelt er S. 399. Von dem Fürſtenthum Simmern und rechnet unrichtig das Badiſche Amt Kirchberg zu dem Pfälziſchen Antheil; S. 402. Von der Grafſchaft Sponheim, wo er die Herrſchaft Ebernburg noch dem Freyherrn von Sickingen zuſchreibet, die doch damahl ſchon beſtritten wurde; S. 416. von Ladenburg, bei deſſen Beſchreibung zwar der Austauſch-Traktat zwiſchen dem Kurfürſten von der Pfalz und dem Biſchof von Worms vom Jahr 1705, aber nicht die neuere von 1708. und 1722. gebrauchet worden, und alſo **Lampertheim**, **Hofheim**, und **Northeim** unrichtig dem Kurhauß Pfalz zugeſchrieben werden. In dem Rhein oder Kur-Kreiſe iſt die Städte und Orts-Beſchreibung ſehr kurz.

c) **Büſchings** (A. Fr.) Erdbeſchreibung. IIIter Theil, welcher das deutſche Reich nach ſeiner gegenwärtigen Staats-Verfaſſung enthält. 6te rechtmäſige und ſtark verbeſſerte und vermehrte Auflage. Hamburg. 1779. 8.

Dieſer würdige allgemeine Lehrer der Geographie hat gewiß nicht mit Unrecht auf den Titel geſezet: ſtark vermehrte und verbeſſerte Auflage: Dann ſie hat in der That ſehr viele groſe Vorzüge vor allen vorhergehenden fünf Auflagen, die ſeit 1757 = 1771. herausgekommen ſind. Auch die Pfalz am Rhein wird darinnen auf einer viel vortheilhafteren Seite beſchrieben, indem ſchon in der Einleitung viele Rückſicht auf die neueſten Verändérungen genommen worden, und hier in gar vielen Stücken eine viel genauere Nachricht gegeben wird. z. B. §. 1. von den pfälziſchen Land = Charten; §. 3. von der natürlichen Beſchaffenheit des Landes; §. 6. von den ältern und neueren Stiftungen des jetzigen Churfürſten zum Unterricht für die Jugend, zur Erlernung der Wiſſenſchaften überhaupt, und von den vorzüglichſten pfälziſchen Fabricken und Manufakturen; §. 10. von dem neueſten Titel des Churfürſten, ſeitdem er auch Herzog in Ober= und Nieder=Bayern; §. 12. von den Ritter=Orden des Hauſes, beſonders von dem neuen pfälziſchen Löwen=Orden. Auch bei der Beſchreibung der fürnehmſten Städten, Mannheim, Heidelberg und Frankenthal; ſelbſt bei denen, die in dem Oberrheiniſchen Kreiſe liegen, in den Fürſtenthümern Simmern und Lautern, und den Grafſchaften Veldenz und Sponheim, finden ſich dieſe Vorzüge, und beſonders genau iſt die Einleitung zu der Geſchichte der letzteren, als wobey Kremers diplomatiſche Beiträge ſehr

gut benuzet worden. Indeſſen iſt nicht zu
läugnen, daß, dem allen ungeachtet, ſich
noch ſehr viele Mängel vorfinden, und ich
kann daher den Wunſch nicht bergen, daß
es dem Herrn Verfaſſer gefallen mögte, bei
ſeinem ſo allgemein beliebten Werke, zu denen,
in ſeinem Vorbericht ſo redlich angegebenen
Hilfsmitteln, auch noch diejenige zu gebrauchen, welche in dieſer pfälziſchen topogra-
phiſchen Bibliothek angeprieſen werden, und
wozu ich vorzüglich rechne: das *Etwas*
über die Beſchaffenheit und neuere Ge-
ſchichte der Unterpfalz, im deutſchen Mu-
ſeum vom Jahr 1782, weil die darinnen
ausgeführte ſtatiſtiſche Nachrichten ſehr genau ſind, nnd alſo der H. welcher in ſeiner
Geographie von der natürlichen Beſchaffenheit des Landes handelt, wirklich mit Vortheil daraus berichtiget und vermehret werden kann. Sonſt rechne ich noch unter die
beträchtlichſten Fehler in dieſer Erdbeſchreibung folgende: 1) **Die Angabe der pfälzi-**
ſchen Ortſchaften. Der H. Verfaſſer nimmt
auch noch in dieſer neueſten Auflage, wenn
man ſeine Angaben zuſammenziehet, ohne
einmal die Ober-Aemter Kreuznach, Lautern, Lauterecken, und Veldenz, kurz alles, was in dem Oberrheiniſchen Kreiſe liegt,
mitzurechnen, 877 Oerter an, und es können in der That, (wie unten bei einer andern Schrift wird bewieſen werden) nur
43 Städte, 611 Flecken und Dörfer, und

197. Meierhöfe angenommen werden. 2) Den darinnen aufgestellten Katholischen, reformirten und Lutherischen Pfarr *Statum*. Die Erstere sollen 400; die andere 500; und die letztern 85 Pfarrere in dem Lande haben. Aber ich glaube, daß dieses alles unrichtig. Dann die Lutheraner zählen nach einem Aufsaz aus der Registratur des Consistoriums zu Heidelberg, vom 9. Febr. 1779. 103; die Reformirten, nach ihrer gedruckten äußerlichen Kirchen-Verfassung von eben diesem Jahr, 270, selbst mitgerechnet die Kandidaten, die an den Gymnasien und lateinischen Trivial-Schulen in dem Lande dienen; und bei den Katholicken ist die Anzahl gewiß auch zu gros angegeben, fürnehmlich, wenn die Mönchen, welche viele Pfarreien auf dem Lande versehen, nicht dazu genommen werden. 3) Das Bergschloß Hardt bei Neustadt. Die Hardt ist ein ziemlich beträchtliches Dorf; 1783 wurden darinnen gezählet 169 Feuerstädte, 183 Familien, und 774 Seelen; die Einwohner haben an Gütern im Besiz: nur 22 Morgen Aecker, 15 Morgen Wiesen und und 2 Morgen Gärten, aber 400 Morgen Waldung und 312 Morgen Wingert, darauf sie einen bekanntlich guten Wein ziehen, der stark, vornehmlich in den Westrich, verführet wird. 4) Die Achat-Berge und Achat-Schleiferei zu Oberstein, welche der Herr Verfasser in die Pfalz versezet, und die eigentlich

in dem Herzogthum Zweibrücken liegen. Eine Pfälzische Achat-Schleiferei hat man nur zu Neustadt an der Hardt. 5) Andre Irrthümer von den älteren Ausgaben dieser Geographie, die aber noch alle in dieser neuen Auflage sich befinden, zeiget Herr Dr. Büttinghausen an, in seinen Beiträgen zur pfälzischen Geschichte B. II. S. 93. u. f. Ich rechne noch zu den minder beträchtlichen: auf dem Mönchhof in Heidelberg, werden nicht mehr die Versammlungen des reformirten Kirchenraths, der geistlichen Administration und des Ehegerichts gehalten; sondern ein jedes von diesen Dicasterien hat seine eigne Kanzlei. --- Das ehemals bei Sinsheim gelegen gewesene Kloster ist nicht der H. Geist-Kirche zu Heidelberg zugeleget worden. Es war ein Stift, das seinen Dechant und Capitul gehabt, grosse Einkünfte besessen, und im Jahr Christi 1100. von dem Bischof Johannes zu Speier aufgerichtet wurde. Siehe Wunds Landwirthschaftliche Beschreibung von Sinsheim in den Bemerkungen der pfälzischen Oekonom. Gesellschaft vom Jahr 1779. S. 229. Nach Struvs Kirchen-Geschichte S. 161. und 162. würde es vom Churfürst Friedrich III. den 5. Jul. 1565. eingezogen, und die Einkünfte zum Unterhalt der lateinischen und deutschen Schulen zu Heidelberg bestimmet. Jetzt besitzet es die geistliche Administration, welche einen Schafner daselbst hat;

und das dabei gelegene Franciskaner=Kloster ist erst seit 1718 erbauet, und hat nur 20 Patres und sieben Brüder. --- Der Flecken Wellstein, den der Herr Verfasser in das Ober=Amt Kreuznach sezet, ist nicht pfälzisch, sondern gemeinschaftlich zwischen Kur=Mainz und dem Hause Nassau=Usingen. --- Die Herrschaft Ebernburg gehöret nicht mehr den Herren Grafen von Sickingen, sondern Kurpfalz, nach dem bekannten deßfalls herausgekommenen Deductionen. --- Gegen den 5. §. in der Einleitung, von dem Kirchlichen Zustand in der Pfalz, wäre auch wohl noch manches mit Recht einzuwenden --- doch dazu werde ich zu einer andern Zeit Gelegenheit finden, und die noch übrigen Berichtigungen will ich den Männern überlassen, die von der Pfalz nächstens eine genauere Topographie heraus zu geben gesonnen sind.

Büschings (A. Fr.) Auszug aus seiner Erdbeschreibung. 1. Theil. Hamburg 1771. Gr. 8.

Darinnen nimmt der H. Verfasser nur 39 Städte an und besezet irrig die Heidelberger Universität mit Evangelisch=Lutherischen und Katolischen Lehrern, da doch erstere gar keine, die Reformirten nur 4, die Katolische aber 30 ordentliche und ausserordentliche Professoren und Assessoren auf dieser hohen Schule haben.

d) Zopfs (Joh. Hein.) neueste Geographie. 1ster Band. Leipzig 1762. Gr. 8.

Dieses Werk ist in Rücksicht auf die Pfalz noch viel unvollständiger als das von Büsching, und auch fehlerhafter. Die Anzahl der Oerter in jedem Oberamte scheinet er zwar aus ihm entlehnet zu haben, doch hat er darinnen etwas eignes, daß er aus Mannheim ein eignes Oberamt macht, wozu er Schwetzingen und Nekar-Au rechnet.

e) Die untere Pfalz und deren Haupt- und Residenz-Stadt Mannheim 1769. 4.

Der Verfasser ist der alte Herr Ehegerichts-Director Mieg in Heidelberg. Der 1. Theil hat in der neuen Hof- und Akademischen Buchhandlung die Presse verlassen, wurde aber nicht ausgetheilt, und der zweite wurde ganz unterdruckt. Darüber klagt der Verfasser in einem gedruckten Bogen in 4. der den Titel hat: Pro memoria, das unter der Presse und im Gedrang seyende *Mannhemium* betreffend. Man hat fürnemlich deswegen den völligen Druck verhindert, weil darinnen der Ursprung der pfälzischen Städten aus Bayrlins Antiquitatibus Palat. entlehnet war. In dem Publikum sind zwey Bogen, davon der erstere den Plan des ganzen Werks enthält und nach demselbigen wollte der Herr Verfasser darinnen beschreiben: Kapitel 1. die General-Beschaffenheit der Pfalz, nach ihrer Lage und Gröse, Fruchtbarkeit, Gnädigsten Landesherrschaft, Kurfürstlichen Vasallen, Unterthanen, Land-Rechten und Ordnungen. Kapitel 2. Die Kurpfälzische Haupt- und Oberamt-Städte. Kapitel 3. Die pfälzische Städte, Flecken, Dörfer und Höfen nach einem Alphabetischen Register. Der 2. Theil des Werks war der Beschreibung von Mannheim allein gewidmet. Kapitel 1. Aeltere und neuere Geschichte der Stadt. Kapitel 2. Eigentliche Topographie von der Lage, Gröse, und dem Klima der Stadt; von ihren Flüssen und Brunnen, Innwohnern, Privilegien; Geistlichen Gebäuden: alten und neuen Kirchen, Klöstern und Kapellen, Pfarr- und Schul-Häusern, Spitälern, Kirchhöfen; Weltlichen Gebäuden: Kurfürstlichem Residenz-Schloß, Hof-Kameral-Stadt-Gemeinen-Vestung und Militair-Gebäuden, öffentlichen Plätzen, Garten und Lust-Schlössern. Das letztere Kapitel wäre also immer sehr merkwürdig gewesen. Indessen wird der Herr geheime Sekretarius Widder das Publikum schadlos halten, wenn er seine Pfälzische Topographie herausgiebt, als welche nach dem Plan, den er seinen Freunden mitgetheilet, in 3 Bänden in 8. Die ganze Pfalz umständlich beschreiben, und in dem 1. Band umständlich von Mannheim handeln soll. Zu einer kleineren pfälzischen Topographie, die vorzüglich Rücksicht auf die physicalisch-

oekonomische Beschaffenheit der Pfalz am
Rhein nehmen wird, wird uns Hofnung ge-
macht in den Rheinischen Beiträgen vom
Jahr 1780. 2. Band. S. 232-238.

f) **Volz** (Joh. Chr.) **Grundriß der
Erdbeschreibung.** Stuttgart. 1773. gr. 8.
Dieses vortrefliche Compendium besonders
in Rücksicht auf die mathematische und physikalische Geographie, ist in Ansehung der
politischen Erdbeschreibung ein Auszug aus
dem Werk des Herrn **Büschings**, wobei
doch auch dessen Magazin für die neue Historie und dessen wöchentlichen Nachrichten
gebrauchet worden sind. Es werden nur die
fürnehmste Oerter darinnen genennet; und
bei der Pfalz habe ich zwey kleine Fehler
bemerket, die er mit Herrn **Büsching** in den ersteren Auflagen gemein hat, nemlich: daß er die
HeidelbergerUniversität auch mit Evangelisch
Lutherischen und Katholischen Lehrern besetzet,
und die Aemter Hagenbach und Selz zu der
Pfalz rechnet, da sie doch 1769. an das Herzogthum Zweibrücken vertauschet geworden.
In des Herrn **Büschings** Auszug ist dieser
Irrthum seines gröseren Werks berichtiget,
so wie auch in seiner neuesten Ausgabe.

g) **Schazens** (Joh. Jac.) **Kern der
Geographie, vermehrt von Friedr. Wilh.
Taube.** Wien 1776. 8.

So viel auch der Herausgeber an Schazens Arbeit verbessert hat, so unvollständig

ist dennoch, besonders bei der Beschreibung von Deutschland, das kleine Werk. Bei der Pfalz werden S. 40. die meisten Oberamt-Städte nicht einmal genennet. Schazens größere Werke sind mir nicht bekannt, so wie auch Pfennings Anleitung zur neuesten Erdbeschreibung. 1769. und Westenrieders Erdbeschreibung für Churbayerische Real-Schulen. 1776. Und ich kann also nicht sagen, ob sie die Pfalz richtig und umständlich beschreiben oder nicht. Doch ist das erstere von Pfenning und Westenrieder zu vermuthen, weil sie von den Rezensenten allgemein gelobt werden, und einen grosen Vorzug haben sollen vor den übrigen Geographischen Compendien, besonders vor der Anleitung zur Erdbeschreibung, zum Gebrauch der deutschen Schulen in den K. K. Staaten. Wien. 2. Theile. 1777. Siehe Anhang zum XXXVII - LII. Theil der allgemeinen deutschen Bibliothek. S. 290.

h) Abriß der Geographie in und ausser den Schulen zu gebrauchen --- und einem Unterricht vom Welt-Gebäude und vom Gebrauch der Globen. Salzburg 1782. gr. 8.

Was der Verfasser von der Pfalz S. 244-245. sagt, ist kurz aber richtig, und meldet alles, was der jezige Kurfürst in dem Bayer- Schwäb- Ober- und Niederrhein- und Westpfälischen Kreise besizet. Ich wünsche aus wichtigen Gründen, daß das schöne Buch auf allen Katolischen Schulen mögte gebrauchet werden, und ich habe mich gefreuet, es auf denen zu Heidelberg gefunden zu haben.

i) **Raffs** (Georg Christ.) *Geographie für Kinder.* 324 Seiten. 2te Auflage. Göttingen 1782. 8.

Von der Pfalz redet der Verfasser S. 133. und 134. Von Mannheim sagt er, daß es daselbst über 24000 Einwohner habe. Mann kann nach der Entfernung des Hofes gewiß 2000 weniger annehmen. Schwezingen nennet er ein schönes Jagd-Schloß, ohne des Gartens mit einem Wort zu gedenken.

k) **Westenrieders**, *Erdbeschreibung der Bayerisch-pfälzischen Staaten, zum Gebrauch einer bayerisch-pfälzischen Geschichte für die Jugend und das Volk, samt einer Einleitung in die allgemeine Erdbeschreibung.* München 1784. 8. 391. S.

Die rheinische Pfalz beschreibet der Herr Verfasser S. 313-366. und zwar nach einer ihm eignen Art. Nicht wie Herr Büsching in Beziehung auf die verschiedene Lage der pfälzischen Ober-Aemter in dem Kurs und Oberrheinischen Kreise; sondern vielmehr nach der Weise, wie sie nun mit den drei

Hauptstädten und sämtlichen Ober- und Unter-Aemtern in einen Staats-Körper verbunden ist; fast eben so, wie der Verfasser des kurzen Auszugs der pfälzischen Geschichte Mannheim. 1779. 8. S. 7-21. mit dem er auch gleiche Gränzen festgesezet: Obgleich nicht zu läugnen, daß seine Beschreibung viel genauer, und bei aller ihrer Kürze, nach seinem Plan, doch sehr vollständig ist, so daß selbst die oben angeführte neueste Auflage der Geographie des Herrn Büschings in vielen Stücken daraus berichtiget werden kann. Die Beschreibung selbst enthält drei Abschnitte. In dem ersten handelt er S. 312-336. nach einer vorausgeschickten sehr schönen Eintheilung des Landes, von den drei Hauptstädten Mannheim, Heidelberg und Frankenthal umständlich, und kürzer von jedem Oberamt ins besondre; er meldet dabei zugleich wie viel Städte, Flecken und Dörfer, selbst Meierhöfe sich in dessen Bezirk befinden; und diese Nachricht scheinet mir sehr genau, und aus den besten Quellen geschöpft zu seyn, weil sie mit dem schönen und richtigen schriftlichen Verzeichnis (davon unten ein mehreres) gar sehr übereinstimmt. In dem 2ten Abschnitt. S. 336-342. wird die natürliche Beschaffenheit des Landes, gesunde Luft, und reiche Ergiebigkeit, an allen Gattungen von Gewächsen angepriesen; und hier lobet er vorzüglich: die in dem

Lande,

Lande, besonders von dem Menoniſten in dem höchſten Grade eingeführte verbeſſerte Land=wirthſchaft --- den fleiſigen Anbau des Krapps, Tabacks und der Seide; auch der von den fremden eingeführten Producten, Rhabarber, nnd Kameelhaar von angoriſchen Ziegen --- den Ueberfluß der Schmackhafteſten Baum= und Garten=Früchten --- den Wein= Salz= und Bergwerks=Bau. Indeſſen habe ich mich gewundert, daß er bei dieſer Gelegenheit, wie Hr. Büſching, unter die beſten pfälziſchen Weine, nur die Bacharacher, Neuſtädter und Bergſträſer rechnet; da doch die an dem Nahſtrom, zu Monſingen, Norheim und Boſenheim; und die an dem Rheinſtrom zu Dinnheim, Oppenheim und Nierſtein viel vorzüglicher ſind, und ſelbſt die Traminer auf dem Freinsheimer Gebürge, die Neuſtadter und Bergſträſer übertreffen. Die Produkten des Bergbaues hätten auch wohl verdient (Hr. Büſching redet auch nur von den Mörſchfelder Werken, die längſt unergiebig) etwas genauer angegeben zu werden. Sie ſind ziemlich beträchtlich, und ich weiß zuverſichtlich, daß in einer Zeit von zehen Jahren in der Pfalz gezogen wurde: 2970 Mark, und 3 Loth Silber; 9170 Centner und 69 Pfund Bley; 4569 Centner und 5 Loth Silberglett; 1760 Centner und 14 Pfund Kupfer; 391973 Pfund und 10 Loth Queckſilber, und 113497 Centner Stein=Koh=

C

Kohlen. --- Das Schäzbarste in diesem Abschnitt ist der genaue Auszug aus der ganzen General-Tabelle vom Jahr 1782; besonders in Rückficht auf die Bevölkerung; und das gesunde, männliche und unpartheiische Urtheil, das der H. Verfasser von der lezteren fället, und darinnen jeder Denker, der Kenntniß von der wahren Lage der Sache hat, ihm gewiß beipflichten wird. In dem 3ten Abschnitt stellet er eine ganz kurze Geschichte von dem Land sowohl, als von den Herren Pfalz-Grafen nach den verschiedenen pfalzgräflichen Linien auf --- Auch fast auf eben die Art, doch noch viel gedrängter, wie der schon oben angeführte Verfasser des kurzen Auszugs der pfälzischen Geschichte, mit dem es ihm auch gefallen hat, die reformirte Religion fast immer unter dem Titel der Calvinistischen anzuführen. Ich muß aber gestehen, daß eben diese Geschichts-Beschreibung, nach dieser Ordnung, mir nicht die beste für die Jugend, und noch vielweniger für das Volk, gewählet zu seyn scheinet. Der Lehrling muß da immer bei jeder Linie, mit seinem Blick bis auf dem Stammvater des besondern Fürsten-Zweiges zurückgeführet werden, und wie leicht ist er nicht dabei der Gefahr ausgesezet, sich zu verwirren? Eine oder mehrere Tabellen, wie sie der Hr. Geheimerath Bachmann seinem neuesten Pfalz-Zweibrückischen Staatsrecht beigefüget, würden wohl dabei bessere Dienste thun.

1) **Buttinghausens** (Carl) **Beiträge zur pfälzischen Geschichte.** 2 Bände. Mannheim. 1776-1782.

In diesem für den Liebhaber der vaterländischen Geschichte sehr angenehmen Werke, finden sich auch verschiedne wichtige Beiträge zur pfälzischen Topographie. Ich rechne aus dem ersten Band vorzüglich darunter: die Urkunden das **Kloster Chumbd** (in dem Oberamt Simmern) betreffend S. 26-36; die Nachrichten von pfälzischen *Inscriptionen* und **Grabschriften zu Armsheim, St. Lambrecht, Oppenheim und Simmern.** S. 63-76; Fernere Urkunden vom **Kloster Chumbd.** S. 119-127; **Eine Urkunde, das Kloster Ravengiersburg betreffend.** S. 255-268; **Etwas von den Klöstern Hochheim und Librenau vom Jahr 1561.** S. 268-276; eine den maynzischen Churfürst Uriel, und die *Ecclesiam Collegiatam* in Zell betreffende Urkunde. vom Jahr 1513. S. 345-349; als woraus die Gegenden, worinnen diese Klöster gelegen, nicht wenig erläutert werden. In dem 2ten Band: von topographischen Fehlern mit Absicht auf die Pfalz. S. 92-95; **Pfälzische Grabschriften von Albig, Lamsheim und Simmern,** S. 99-111; **Von einer neuen** *Deduction,* S. 128-135; **Des Churfürsten Friedrichs** *III.* **Handlungen mit Odernheim.** *Anno* 1566. S. 155-163; **Briefe, das Elend in der Pfalz** am Ende des vorigen *Seculi* betreffend. S. 191-206; Urkunden das Stift zu Zell betreffend. S. 248-288. Die Historische Genauigkeit, womit der Herr Verfasser seine Schriften bearbeitet, und die Verdienste die er deswegen um die pfälzische Geschichte hat, sind so bekannt, daß ich wohl nicht nöthig habe, dieselbige anzupreisen.

--- Pfälzisch-historische Nachrichten aus neuern Schriften. I. II. und III. Probe. Mannheim. 1783-84.

Der Herr Verfasser hat den Entschluß gefaßt, durch diese Schrift, welche fortgesezet werden soll, mit Hülfe einiger Freunden, alles zu samlen, was in den neuern historischen Schriften von pfälzischen Sachen vorkömmt, und, wenn es unrichtig, zu erläutern und zu verbessern, damit man endlich ein pfälzisch-historisches Magazin erhielte. Die neuere Reisebeschreibungen, welche auch die Pfalz betreffen, werden recensiret, S. 112-116. und das, was Herr Inspector Engelmann von Bacharach S. 112. bei Biornstahls Reisen bemerket, kann dasjenige, was der Verfasser dieser Bibliothek unten behauptet, daß sie nemlich von der Pfalz viele Unrichtigkeiten in sich enthalten, ob er ihnen gleich sonst ihren Nuzen nicht absprechen will.

§. 5.

Von den Reisebeschreibungen, darinnen auch zum Theil der Pfalz am Rhein gedacht wird.

a) **Keyſlers** (J.G.) **Reiſen durch Deutſch-land** u. ſ. w. II. Bánd 1776. in gr. 4. Von der Pfalz S. 1461-1470.

Der ſel. K. ſtellte ſeine Reiſen ſchon in dem Jahr 1729. an, und es iſt ſonderbar, daß man 1776. wieder eine neue Auflage davon veranſtaltet hat, ohne ſo wenig Zuſäze dazu zu machen, da doch dieſe Zeit über in allen durchreißten Staaten ſich ſo vieles verändert. Indeſſen hat er für jene Zeit Bemerkungen, beſonders von der natürlichen Beſchaffenheit des Landes, die gar nicht zu verachten ſind, und iſt auf dieſer Seite, ſelbſt mit denen noch hie und da begangenen Fehlern, auch von den angeſehenſten Schriftſtellern gebraucht worden, z. B. von Hrn. Pütter in dem Handbuch von den beſonderen deutſchen Staaten. Götting 1758. in gros 8. Das Stiftungs-Jahr der Heidelberger Univerſität wird unrichtig auf das Jahr 1346. geſezet, und bei den bekannten guten pfälziſchen Wein-Gegenden werden nur die von der Bergſtraſe angezogen.

d) *Romani* landwirthschaftliche Reisen durch verschiedene Landschaften Europens. Nürenberg. 1776. 2. Band. 8. Von der Pfalz S. 187-296.

Bei allen den schönen Aussichten in der Pfalz in Rücksicht auf die immermehr sich ausbreitende verbesserte Land-Wirthschaft, klagt der Verfasser noch über die allzugrose Gemarkungen, den zu sehr vernachläsigten Wiesenbau, und die mit zu vielem Aufwand errichtete Meyereyen. Ich muß aber gestehen, daß ich nichts darinnen gefunden, darüber Einheimische Oekonomen nicht schon besser in Ansehung der Schreibart, und hier und da auch mit gröserer Einsicht geschrieben hätten.

c) **Wanderungen des Marquis von St * * *.** Im deutschen Museum vom Jahr 1777.

Er klagt über das Einfache von dem Weg von Schwetzingen nach Mannheim --- über die sandigte Gegend des ersteren Orts, über die Schauspieler bei der Aufführung der Alceste, und über mehrere Gegenständen von der Art, und wird darüber berichtiget in den Rheinischen Beiträgen vom Jahr 1777. S. 38 -63.

d) **Vermischte Beobachtungen und Anmerkungen auf einer Reise aus Deutsch-**

land nach der Schweiz. Im deutschen Museum vom Jahr 1779.

Die ganze Reise ist, bekanntlich, nach dem Tod des sel. Sulzers, des Verfassers, gedruckt worden. Er hielte sich in der Pfalz nicht auf, und hat also auch weniges von diesem Lande. Auf der Bergstrase wünschet er auch Seidenbäume angepflanzet zu sehen, und verwundert sich darüber, daß die Innswohner nicht statt des Oliven-Oehls sich ihres guten Nußöhls zur Speise bedienten, und über beide Stücke wird er berichtiget in den Rheinischen Beiträgen vom Jahr 1779. 2. Band. S. 320-322.

e) Bemerkungen eines Reisenden durch Deutschland --- an seine Freunde, 3 Bände. Altenburg 1775. 8.

Die meisten von diesen Bemerkungen zielen auf die verschiedene Erdgattungen, die der Verfasser auf einer Reise beobachtet hat; und man muß gestehen, daß er dieser Untersuchung zu sehr nachgegangen, und darüber theils richtigere Gegenstände vergessen, theils aber auch andere ganz unrichtig bemerket hat. Er wird in Ansehung der Pfalz berichtiget in den Rheinischen Beiträgen vom Jahr 1779. 2. Band. S. 322.

f) Briefe eines durchs Elsaß reisenden, im deutschen Museum vom Jahr 1781. 2. Stück.

Der unbekannte Verfasser hat seine Bemerkungen seinem Freund mitgetheilet über das Aufsehen, welches das bekannte Buch gemacht hat: Die neueste Religions=Verfassung der Reformirten in der Unterpfalz. Leipzig 1780. 8. --- Ueber das alte Hardter Schloß und den darauf wohnenden Franzosen --- über die Mannheimer Holz=Compagnie u. d. m. Aber wie unglücklich etliche von diesen Bemerkungen ausgefallen, zeigt ihm Herr Bingner in den Rheinischen Beiträgen vom Jahr 1781. I. Band. S. 415-419, und Hr. Medikus ebendaselbst S. 419-426. und S. 510-524. Ich glaube doch, daß der Reisende bei dem Lobe, das er den Lehrern der Kameral hohen Schule zu Lautern beigelegt, nicht die böse Absicht gehabt, die der leztere ihm zuschreibt, und daß der Hr. Berichtiger die Sache überhaupt etwas zu ernsthaft aufgenommen habe.

g) *Itinera litteraria* in *Aktis Academiæ Theodoro-palat.* Tom. I. S. 19 -- 75. Tom. II. S. 7-104. Tom. III. S. 183 s 192.

Die reisende waren vorzüglich Hr. Lamei und der sel. Kremer. Die erste Reise, welche sich in 20 Tägen endigte, gieng über Worms, Alzey, Obernheim, Mainz, Ingelheim, Kreuznach, Rokenhausen, Wolfstein, Otterberg und Lautern; die zweyte über Kirchheim an der Eck, und durch das alte Leininger Thal über Otterberg und Wolfstein nach Lauterecken; die dritte in die

Oberämter Neustadt, Germersheim, Bretten, Boxberg und Mosbach; und die vierte welche Schöpflin und Oehrelst mitgemacht haben, gieng in die rheinischen Gegenden des Oberamtes Simmern und Bacharach. Die alte Inschriften und Urkunden, welche diese Gelehrten entdeckt und größtentheils dem Publikum mitgetheilt haben, sind überaus wichtig, besonders zur Erläuterung der Pfälzischen Gegenden, und ich werde sie daher auch noch im dritten Kapitel, bei jeglichem Ober=Amte, das sie betreffen umständlich anziehen; so wie aus eben dieser Absicht die Landwirthschaftliche Reise des Herrn Medikus in den Bemerkungen der öconomischeu Gesellschaft vom Jahr 1772. erst daselbst vorkommen wird.

h) Moores Abriß des Gesellschaftlichen Lebens und der Sitten in Frankreich, der Schweiz und Deutschland. Nach der 2. Englischen Auflage. Leipzig 1779. 8.

Der Berliner Rezensent sagt in der ersten Abtheilung des Anhangs zu dem 37-52. Band der allgemeinen deutschen Bibliothek, daß die Bemerkungen über Deutschland gering und alltäglich seyen, so angenehm auch sonst das Buch zu lesen --- und diesem Urtheil muß ich in Ansehung dessen, was der Verfasser von der Pfalz, Brief 42-43 sagt, beipflichten.

E 5

i) **Biörnſtåhls** (Jac. Jonas) **Nach**richten von ſeinen Ausländiſchen Reiſen. 5. Band. Leipzig 1782. **Von der Pfalz.** S. 147 -- 202. Alles beziehet ſich auf den Umgang, den der Verfaſſer mit den Gelehrten in den beiden Städten Mannheim und Heidelberg gehabt; indeſſen iſt nicht zu läugnen, daß viele dabei angeſtellte Bemerkungen in das Mikrologiſche fallen, und verſchiedenes auch unrichtig angegeben iſt, als z. B. wenn er ſagt: daß **Grævius** ſeine Bibliothek der **Heidelberger Univerſität** vermacht habe, da ſie doch der **Kurfürſt Johann Wilhelm** erkauft, und derſelbigen geſchenket hat. Siehe *Crollii* Allocutio ſubmiſſiſſima ad Joh. Willhelmum cum Academiæ Heidelbergenſi Bibliothecam Græv, addixiſſet. Marburgi. 1702. Fol. Eben ſo fehlt er, wenn er das Stiftungs-Jahr der Heidelberger Univerſität auf 1346 ſezet. In etwas hat er doch die pfälziſche litterariſche Geſchichte bereichert, nemlich durch ſeine umſtändliche Anzeige von den Handſchriften des **Camerarius** in 73 Fol. Bänden in der Kurfürſtlichen Bibliothek zu Mannheim. S. 159 -- 166.

k) **Fortgeſezte Nachrichten aus dem Tagbuch eines Frauenzimmers**, von einer im Julius und Auguſt gemachten Reiſe. Im 9. Stück des deutſchen Muſeums 1781. S. 196 -- 216.

Die erſtere Auszüge dieſes Tagebuchs ſtehen im deutſchen Muſeum vom Jahr 1780. S. 542 -- 550. Von der Pfalz redet die Verfaſſerin S. 199 -- 206. und ihre Bemerkungen treffen vorzüglich Frankenthal, Oggersheim, Mannheim, Schwetzingen und Heidelberg. Das Porcellan in dem erſteren Ort hält, nach ihrer Meinung, das Mittel zwiſchen dem Dresdner und Fürſtenberger. In Oggersheim bewundert ſie die neue von der Frau Kurfürſtin erbaute Kirche, die in einem ſehr alten Geſchmack aufgeführet iſt. In Mannheim waren für Sie beſonders ſchäzbar die Statüen in der Bildhauer-Academie, ſehr ſchöne von Verſchaffelt gearbeitete Stücke, und die Abgüſſe der beſten Antiken aus Rom und Florenz, nach unmittelbar daher erhaltenen Formen, fürnemlich *Niobe*, *Loacaon*, 2 *Venuſſe*, der Vaticaniſche *Apoll* und *Mercur*. In Schwetzingen verweilte Sie ſich gerne bei dem Tempel der Minerva und des Apolls und dem Badhaus, zu dem die Zeichnungen aus Paphos und Cythere geraubt zu ſeyn ſcheinen; Von Heidelberg ſagt ſie weiter nichts, als daß über deſſen Lage ſich nichts ſchöneres denken und ſagen laſſe, als was Hr. de *Luc* in ſeinen Lettres phys- und Morales darüber geſagt habe. Man höret die Verfaſſerin gewis gerne, wenn ſie über ſchöne Künſten urtheilet.

l) **Elwerts** (Anselm) Tagebuch auf einer Reise nach der Schweiz. In H. Meusels Miscellaneen Artistischen Innhalts. 16tes Heft. Er liefert Kunst Nachrichten von der reformirten Kirche zu Oppenheim, von der Porcellan Fabrique zu Frankenthal, und von dem Portal des Schlosses zu Oggersheim. Siehe III. Probe Pfälzisch-Histor. Nachrichten aus neuern Schriften. Mannh. 1784. S. 115. 116.

m) **Gerkens** Reisen durch Schwaben, Bajern und die Rheinischen Provinzen, in den Jahren 1779 -- 1782. I Theil. Stensdal. 1783. 8.

Ich habe sie nicht selbst gelesen, sondern nur kürzlich angezeigt gefunden ebendaselbst in der IIIten Probe S. 113 u. 114. Was darinnen von dem Pfälzischen Granit und den Ingelheimischen Säulen stehet, scheinet mir aus H. Häfelins Abhandlung über die Riesen-Säule entlehnet zu seyn. Ob die S. 116. angeführte Sanderische Reisen auch etwas von der Pfalz enthalten, kann ich nicht sagen. Doch scheint es nicht, weil nichts davon gemeldet worden.

In den Briefen der Hebe, deren Verfasser, nach dem zweiten Stück des Journals von und für Deutschland, der bekannte Kriegsrath **Kranz** ist, stehen auch Nachrichten von der Pfalz, besonders von der Armuth der reformirten Pfarrerer in dem Lande, die aber so übertrieben geschildert sein soll, daß das unrichtige davon in die Augen fällt.

n) Briefe eines reisenden Franzosen über Deutschland Uebersetzt von A. R. 2 Bände. 1783.

So sehr der Verfasser von einigen Rezensenten gelobt wird, eben so sehr wird er von andern getadelt. In den Götting. gel. Anzeigen, 125 Stück. vom Jahr 1783. heißt es: Unsers Wissens ist noch keine Reise-Beschreibung in Deutschland erschienen, welche den gegenwärtigen sittlichen und politischen Zustand einzelner deutscher Länder so witzig und so richtig, so bestimmt und so kurz zeichnete --- als gegenwärtige 2 Bände von Briefen. Die Verfasser des Hamburg. Politischen Journals, vom Monath Febr. 1784. S. 231. sagen in dem Gegentheil: „man könnte diesem so unrecht gerühmten Schriftsteller gar nicht trauen, weil er voller Seichtigkeit und Unrichtigkeiten seye, und durch sein dreistes Räsonnement und blendenden Stil manche Leser verführt habe." Wegen Salzburg findet man Berichtigungen in H. Schlözers Staats-Anzeigen. Heft 20. S. 449; wegen Nürnberg in oben angeführten Polit. Journal S. 231, und an mehreren wegen anderen Ländern wird es in der Zukunft wohl auch nicht fehlen. Von der Pfalz nur ein Beyspiel! Der Verfasser sagt im 2. Band S. 489, daß die Bauren sich noch so zimlich wohl befinden, weil durch die starke Auswanderungen die sehr einträglichen Güther unter ihrem natürlichen Werth herrunter gesetzet, und der Ertrag derselben über den Ankauf Preiß erhöhet würden. Beides ist unrichtig: zuverlässig ist der Auswanderungstrieb bei den Würtenbergischen und Badischen Unterthanen stärker als bei den Pfälzischen, und wenn auch, wie der Verfasser behauptet, irgend ein Regierungsfehler, die geheime Quelle davon wäre, dürfte doch kein unpartheischer Schriftsteller den Fehler nur in dem Lande suchen, worein die Auswanderung in neueren Zeiten bei weitem nicht so stark ist, als in den benachbarten Ländern. Das Oberamt Neustatt, welches nach der Generaltabelle von 1779. 42 Ortschaften in sich enthält, hatte in dem Jahr 1783, 80 Feuerstädten, 23 Familien und 823 Seelen mehr als im Jahr 1782; das Oberamt Heidelberg 1782, 1132 Seelen mehr als im Jahr 1779; und und das Oberamt Ladenburg, wozu nur fünf Ortschaften gehören, 1783. 193 Seelen mehr als 1782 --- Dies sind wenigstens keine Beweise von Auswanderungen. Die Güther sind auch in den neueren Zeiten überall weit über die Helfte des Preißes in dem Ankauf gestiegen, als in den vorigen Jahren. Siehe Landwirthschaftliche Beschreibung von Sinsheim in den Bemerk.

der Pfälz. Oeconom. Gesellschaft von Jahr 1779. S. 245. Und ich kenne keine Gegend in der Pfalz, selbst im Westrich und auf dem Hundsrück, wo sich dieses Verhältnis nicht eben so vorfinden sollte.

o) Faustin, oder das philosophische Jahrhundert 1783. 8. Was der Verfasser von der Pfalz hat, unter dem Titel: Verbott der Selbstliebe und Toleranz, stehet S. 193 --- 206. Das erste betrift die bekannte Whierlische Strittigkeiten, und das andere das Schicksal des Verfassers von dem Buch: über und gegen die neueste Religionsverfassung der Reformirten in der Pfalz. Aber bei dem lezteren scheinet der Verfasser keine genaue Kenntniß von der wahren Lage der Sache gehabt zu haben, weil er des Kandidaten Huntels Buch immer mit dem, wo gegen es eigentlich geschrieben ist, verwechselt, indem bekanntlich zwar das leztere in Leipzig, aber nicht das erstere, verleget worden.

Zweites Kapitel.

Von den Schriften, welche die Pfalz am Rhein, vorzüglich auf der Physikalisch-Oekonomischen Seite beschreiben.

§. 1.

Von den Schriften die insgemein davon handlen.

a) HACHENBERGII, (Pauli) *oratio de laudibus et praestantia palatinatus. Francof. et Lips.* 1763. 4.

--- --- Ins französische übersezt Heid. 1769. 4. Besondere Umständen von dem Leben des Verfassers, der zuerst Professor Juris, Histor. et Eloquentiae zu Heidelberg gewesen, und unter dem Kurfürsten Karl bis zum geheimen Rath sich erhoben sahe, findet man in Reigers ausgelöschter Kur-Pfälz. Simmerischen Linie, Frankf 1735. 8. S. 290 --- 301. Die Rede selbst ist in einer edlen lateinischen Sprache abgefaßt, und sagt von der Pfalz, als Deutschlands Paradiese, viel schönes, besonders im Anschung der herrlichen Produkten, welche das Land herfürbringt.
Der

Der alte Hr. Ehegerichts-Director Mieg stellte sie ans Licht, und hängte der lateinischen Ausgabe an: *Hachenbergii* Ecloga bucolica in natalem ser. Electoris Palatini *Caroli Ludovici*, quum quinquagesimum primum Annum ingrederetur.

b) Slabs (J. D.) Vorlesung von der verschiedenen Fruchtbarkeit der Pfalz am Rhein und deren Ursachen. In den Acten der Mannheimer Akademie. Tom. I. S. 429--440.

In dieser kleinen aber schäzbaren Abhandlung wird jedes von den Pfälzischen Ober-Aemter nach seiner Lage mit dem niedern Rhein-Gau verglichen, und untersuchet, ob es höher oder tiefer gelegen, und dann eben daraus die Ursache von dessen höhern oder niedern Fruchtbarkeit hergeleitet --- wobei zugleich der Vorzug, den ein Oberamt für dem andern hat, gezeiget wird. Das Leben des würdigen und der Naturkunde erfahrenen Verfassers hat der Hr. Professor Jung beschrieben in den rheinischen Beiträgen vom Jahr 1781. S. 141--153.

c) Gutzemnus (Stephan) von einigen wichtigen Hindernissen einer blühenden Landwirthschaft. In den Bemerkungen

der Pfälz. Phyſ. öconom. Geſellſchaft vom
Jahr 1769. S. 29.

--- --- Vom Jahr 1770. 1. Theil.
S. 3 -- 48.

Dieſe beide Abhandlungen haben ihre beſonderer Beziehung auf die Pfalz, und ſind
eben ſo gründlich als freimütig abgefaßt.
Der Verfaſſer war eines der erſten Mitgliedern der Geſellſchaft, der Theorie mit Erfahrung verbunden, und deſſen Anleitungen,
abgerechnet etliche Lieblings-Grundſäze, die
er zu hoch angeſezet, man immer in der Landwirthſchaft mit gutem Erfolg benuzen könnte. Unter die gröſten Hinderniſſen der blühenden Landwirthſchaft in der Pfalz rechnet
er: Die allzugeringe Sorgfalt für die Bildung des Landmanns, durch eine weiſe Erziehung --- Die Beſezung der Dorfgerichtsſtellen mit ſolchen Perſonen, die noch zu ſehr
an alten ſchädlichen Vorurtheilen bei dem
Feldbau haften --- Die allzugroſe Anhänglichkeit an den Grundſaz, daß das Land
bevölkert genug ſeye, weil wirklich viele Land-Leute jezt kaum ihren dürftigen Unterhalt
finden, als welches von ganz andern Urſachen herkomme --- Die Abneigung gegen den
Bau von Handlungs-Gewächſen auſſer dem
Fruchtbau --- Die allzugroſe Auflagen, oder
wenigſtens die ungleiche Vertheilung derſelben, da der Arme von dieſen Laſten mehr auf
ſich liegen hat als der Reiche --- Die allzu-

langweilige Art, womit die Proceſſe geführet werden --- Die zugeringe Achtung des Lands Mannes --- Der hier und da noch herrſchende Fluren=Bau, wodurch er, weil er das Brachfeld nicht benuzen kann, in ſeinem Fleis eingeſchränket wird.

In der zweiten Abhandlung: Den allzumangelhaften Futterbau im Verhältnis gegen den Fruchtbau --- Die Brodloſe Beſchäftigung des Landmanns in Wintertägen --- die allzuweit ausgedehnte Gemärkungen --- die Leibeigenſchaft, Frohnbarkeit u. dergl. m.

d) LAMEII (And.) Oratio, cui titulus: *Princeps de Principatu, Principatus de Principe latus.* Mannheim 1765. 4.

In dem erſten Theil wird die Pfalz in gedrängter Kürze nach allen ihren natürlichen Vorzügen beſchrieben --- Die Noten zeigen etliche Pfälziſche Schriften an, die eben bisher nicht ſo ſehr bekannt waren. Der zweite Theil handelt von den Verdienſten, die der jezige Kurfürſt um ſein Land hat, und wodurch er deſſen inneren Werth noch um gar vieles erhöhet, ſo daß die Pfalz Urſache habe ſich ſeiner zu freuen, und er nicht mindere Urſachen über die Glückſeligkeit ſeines Landes vergnügt zu ſeyn --- und daher ohne Zweifel der Titel.

e) **Herzogenraths** (Joh. Karl.) **Rede auf den Namenstag seiner Kurfürstlichen Durchlaucht zu Pfalz. Den 7. Nov. 1773. in der Oekonomischen Gesellschaft zu Lautern vorgelesen.**

Sie stehet in den Bemerkungen von eben diesem Jahr S. 6 -- 23. und enthält kurz und bündig in deutscher Sprache, was in der oben angeführten lateinischen Rede zu finden. Der Verfasser ist 1780. in seinen besten Jahren gestorben, und eine ganz kurze Beschreibung seines Lebens stehet in den rheinischen Beiträgen vom Jahr 1781. im Iten Band S. 154 -- 162.

f) **Dohm** (Chr. Wilh.) **einige Nachrichten von der Kurpfalz, vorzüglich vom jezigen Zustand der Pfälzischen Fabriquen und Manufacturen. Deutsches Museum 2. St. 1778. S. 97 -- 123.**

Sehr viele von diesen Nachrichten findet man auch in dem kleinen Pfälzischen Kalender, und in Rücksicht auf Frankenthal, umständlich in der kurzen Vorstellung der Industrie, welche beide noch unten angeführet werden; aber was Hr. D. von der Siamois-Fabrique in Lautern sagt, ist nicht so allgemein bekannt, und das Lob, welches er den dasigen Lehrern der Kameral hohen Schule mitgetheilet, gereichet ihnen sehr zur Ehre. Von der Bevölkerung der Pfalz am

Rhein, wird seine Meinung berichtiget in folgender Abhandlung.

g) *Etwas über die Beschaffenheit und neuere Geschichte der Unterpfalz.* Deutsches Museum IItes Stück. 1782. S. 389-429.

Die eigentliche statistische Nachrichten von der Pfalz gehen nur bis an die 404te Seite, sie sind aber sehr richtig, und aus sicheren Quellen geschöpfet, und alle diejenige, welche bisher von dem pfälzischen Getreide- Wein- Taback- Krapp- Hanf und Flax-Bau, blos litterarisch geschrieben haben, können daraus berichtiget werden; auch von der Viehzucht, den Producten des Bergbaues und der Waldungen, hat der Verfasser richtige und bisher noch unbekannte Angaben. Die Ursachen von der geringen Bevölkerung sucht er in der Geschichte des Landes auf, besonders in dem Anfang dieses Jahrhunderts. Und das ist der grösste Theil der Abhandlung, die sehr gründlich bearbeitet ist. Es wird erlaubt seyn, nur etliche Bemerkungen dabei zu machen: a) Der Verfasser giebt 1017 Städte, Flecken und Dörfer und Höfe an, und in dem im Jahr 1776 aufgesezten sehr genauen Verzeichnis finden sich samt den besondern Mühlen nur 844; sollte er, der sonst so viele Bekanntschaft mit seinem Vaterland verräth, und wenigstens die General-Tabelle von 1779, seinen Anmerkungen zu folge, in Händen hatte, nicht alſo eine ältere Liſte zum Grund gelegt haben, die etwan vor den neueren Verträgen mit der Ritterſchaft verfertiget wurde, und worinnen viele Dörfer zur Unterpfalz gerechnet wurden, die nun als Ritterſchaftlich angeſehen werden? b) Die Vergleichung mit dem Herzogthum Würtenberg und mit der Pfalz iſt nach meinen Gedanken nicht wohl zu gebrauchen, dann erſteres zählet nach dem Orts-Regiſter, das dem Stuttgarter Staats-Kalender vom Jahr 1759 beigefüget iſt, 1457 Städte, Flecken, Dörfer und Höfen; nun ſind freilich in dem Lande über der Steig viele kleine und unbeträchtliche Oerter. Aber gewis eben ſo viel in den Pfälziſchen Ober-Aemtern Lautern, Simmern und Lauterecken. c) Die Bevölkerung vor dem 30 Jährigen Krieg war ohne Zweifel gröſer als jezt in den Pfälziſchen Städten. Aber ſollte man dieſes auch von den Dörfern ſagen können? Ich kenne viele, die zu der Zeit nur Höfe geweſen, und, wegen der noch nicht recht eingeführten verbeſſerten Landwirthſchaft, waren die übrigen wohl auch nicht ſo blühend. d) Die Pfalz ſcheinet mir in den ganz neueren Zeiten überhaupt nicht ſo gering bevölkert zu ſeyn, als ſie gemeiniglich angegeben wird. Freilich, für die überhaupt geſegnete Lage an dem Rhein- und Nekar-Strom, immer noch gering. Aber könnte man dieſes auch wohl auf die Ober-Aemter im Westrich und auf dem Hundsrück anwenden, wo an vielen Oertern wirklich reiche Nahrungs: Quellen fehlen, und der etwas undankbare Boden auch nicht so viel abwirft? Wenn die neuere Tabellen, die durch eine lobens: würdige Verfügung vollkommner und voll: ständiger gemacht werden, einmal bekannt sind, denn werden sich erst ganz richtige Be: rechnungen darüber anstellen lassen. An dem Ende hat der Verfasser kürzlich die wohlthä: tige Stiftungen des jezigen Kurfürsten, in Rücksicht auf die Künsten und Wissen: schaften erzählet, als welche die Regierung dieses Herren in der Pfalz gewis unvergeß: lich machen.

h) **Einkünfte, Volksmenge, Verfaß: sung** und andre **Merkwürdigkeiten der Staaten** und **Länder** in **Deutschland. Pfalzbaiern und dazu gehörige Länder.** In dem **Hamburger politischen Journal.** Vom Jahr 1784. IIItes Stück. S. 217 - 230.

Die Verfasser haben in dem ersten Stück dieses Jahrs mit dem Kurfürstenthum Sach: sen angefangen. Was sie von der Anzahl der Ortschaften, von der Bevölkerung und der landwirthschaftlichen Verfassung der Pfalz sagen, ist wörtlich aus oben ange: führter Abhandlung in dem deutschen Niu: skum entlehnet, und es scheinet also, daß sie auch den Werth derselbigen eingesehen ha:

ben. Sie schäzen die Pfalz am Rhein auf
145 geographische Quadrat-Meilen. Allein
darüber sind die Meinungen sehr verschieden.
In der geographischen Ausmessung. (Wien.
1781.) S. 14. wird dieselbige zu 160 angegeben, und im Lande selbst kenne ich Personen die nur 60 annehmen wollen. Welch
ein Abstand! Ohne eine genaue Ausmessung
wird sich wohl nichts darinnen bestimmen
lassen. Herr Regierungsrath Wernher
in Zweibrücken behauptet im dritten Heft
vom Camerale practico, von der politischen Rechenkunst S. 221 --- 255. daß
er wahrgenommen, daß ein Land von 45
Quadrat-Meilen meistentheils 100,000 Seelen in sich enthalte. Dürfte man nun eben
so von der Anzahl der Menschen in einem
Lande auf dessen Gröse zurückschliessen, so
könnte man die Unterpfalz, welche nach
den neuesten Tabellen bei 300000 Menschen
zählet, zu 135 Quadrat-Meilen ansezen,
und daraus würde zugleich bestätiget, was
ich oben schon gesagt, daß sie in den neuern
Zeiten nicht so geringe bevölkert seye, als
man gewöhnlich glaubet.

i) Weber (Joh. Karl.) Pfarrer zu
Steinwenden und der Oekonomischen Gesellschaft ordentliches Mitglied: über den
Nachtheil den die dermahlige Einrichtung unserer Fruchtmärkte der produzi-
renden Klasse verursachen. Frankf. u.
Leipz. 1780. 16 Seiten in 4.

Der H. Verfasser ist ein Anhänger des physiokratischen Systems, und Kraft dessen eifert er gegen alles was den freien Handel hindert, und die Monopolien begünstiget. Er behauptet, daß die mit Zwang verbundene Fruchtmärkte für den Pfälzischen Landmann drückend, wegen den vielen Transport= Versäumnis= und Zehrungs=Kösten, in dem die meiste Dörfer von den Städten, worinn die Märkte angeleget, zu weit entfernet sind --- wegen den Abgaben, weil für jedes Malter Korn 1 kr. Meß und 2 kr. Markt=Geld bezahlet werden muß --- wegen dem Abgang an dem Maas, da durch das doppelte Messen gar viele Frucht verlohren geht. Ueber die 2 leztere Punkte stellet er eine besondre Berechnung an, und schäzet die Abgaben allein in einem Jahr auf 20 Fruchtmärkten auf 20000 fl. Indessen ist dieses zu viel, dann bekanntlich werden von jedem Malter nur 2 kr. bezahlet, und man kann also in dem vorausgesezten Fall immer ⅓tel weniger rechnen. Herr Hofkammerrath Bingner und Herr Regierungsrath Medikus haben verschiedenes gegen diese Abhandlung erinnert in den Rheinischen Beiträgen vom Jahr 1780. I. Band. S. 536 -- 539. und II. Band. S. 87. und S. 166 -- 176. Beide behaupten, daß die jezige Einrichtung der Pfälzischen Fruchtmärkte in dem Gegentheil nüzlich, weil sie Städte und Dörfer mit einander in eine engere Verbindung ziehen, auch auswärtiges Geld ins Land bringen, und dadurch den ganzen Nahrungsstand erhöhen. Eine umständliche Widerlegung von der Abhandlung des H. Pfr. W. (welche auch dem Magazin der Gesetzgebung für die Preußische Staaten einverleibet ist,) ist mir unbekannt, und ich überlasse die Entscheidung dieses Streits, Männern die Kenntnis von der Staatswirthschaft besizen. Doch muß ich gestehen, daß viele Gründe auf Seiten des H. Webero mir sehr wichtig zu seyn scheinen, und daß der Gegenstand, den der Hr. Verfasser aus Liebe zu dem Landvolk, unter welchem er wohnet, bearbeitet, nach meiner Meinung wohl einer genauen Untersuchung würdig ist, in dem der Fruchthandel in der Pfalz der aller wichtigste, ja vielleicht der einzige grose Handlungszweig ist; dann im Jahr 1779. wurden, selbst nach der Angabe des Herrn Regierungs-Rath Medikus, über 300,000 Malter Früchten auf den 8. Pfälzischen Fruchtmärkten verkaufet.

§. 2.

Von den Schriften, die insbesondere diesen Gegenstand bearbeitet, und doch ihre Beziehung auf die ganze Pfalz haben.

A.
Von dem Pfälzischen Pflanzenreich.

a) FRANK *de* FRANKENAU (Jo. Georg.) *Florales Terrae Palatinae.* Heid. 1679. 4. Hr. Regierungsrath Slad bemerket, daß diese Abhandlung mehr ein kurzer Entwurf, als eine umständliche Untersuchung der Pfälzischen Kräuter und Blumen zu nennen seye, in Specimine Antiquitatum chorographicarum S. 11. not. a.

b) *Viridarium agri Heidelbergensis et chloris palatina.* Heid. 1681. 4. Siehe Müllers Einleitung in die oekonomisch- und physikalische Bücherkunde. I. Theil, Leipzig. 1780. S. 86.

c) *de* NECKER (Nat. Jos.) *de Muscorum et algarum generatione,* in *Act. Acad. Theodoro-Palat.* Tom. II. S. 423 -- 446.

--- --- *Enumeratio Stirpium palatinarum Annis* 1768. *et* 1769. *collectarum,* ebendaselbst S. 446 --- 496.

Die erste Abhandlung von Moosen, Sumpf- und Wasser-Gråsern hat ihren Ursprung etlichen Botanischen Reisen, die der Hr. Verfasser in Elsas und die Pfalz anstellte, zu verdanken; die leztere aber handelt allein von Pfälzischen Pflanzen. Auf 3 Kupfertafeln sind 55 davon abgezeichnet. Der Ort, wo er sie gefunden, wird nicht gemeldet, weil der Verfasser gesonnen war, eine Floram palatinam herauszugeben, woran doch nun, nach Pollichs Arbeit, zu zweifeln ist.

d) POLLICH (J. H.) *Flora palatina, sive Historia plantarum in palatinatu sponte nascentium.* Tom. III. Mannhemii. 1775--1777. gr. 8.

Hr. Professor Jung in Lautern hat das Leben des zu früh verstorbenen Verfassers beschrieben, in den Rheinischen Beiträgen zur Gel. vom Jahr 1780. I. Band. S. 397---413. Er hat daselbst auch die 27 neue Kräuter-Arten, womit Pollich die Kräuter-Kunde bereichert, namentlich angegeben. Was die Sach-kundigen Gelehrten von dem Werk selbst gehalten, kann man am besten aus dem Zeugnis des Herrn Professors Gattenhofen sehen; er sagt in der Vorrede zu seiner schönen Beschreibung des Botanischen Gartens der Heidelberger Universität, Heid. 1780. nota.

M. *Inter botanicos prima classis nostro avo ponendus, docente elegentissime ab eo edita flora palatina, iis omnibus, quorum intererat ignotus. Nostros cum inviserat montes, in vicino pago Neuenheim latere maluit, quam Facultati nostra innotescere, quem comitari, Floram nostram inquirentem & debito honore prosequi, gratissimum nobis accidisset. Prematura morte ereptum dolent omnes boni.*

e) Medicus (Fried. Casp.) Beschreibung der Kornblume. In Actis Academ. Theodoro-Palat. Tom. I. S. 491 -- 505.

--- --- Von der Neigung der Pflanzen sich zu begatten. Ebendaselbst Vol. III. Phyf. S. 116-192. Die Abhandlung gründet sich auf Beobachtungen des Jahres 1772.

--- --- *Observationes botanica.* Auch daselbst S. 193 -- 274. Dazu gehören die Kupfer-Tafeln die diesem Band angehängt sind, von der VIIten Tafel an.

--- --- Botanische Beobachtungen. Ebendaselbst, Tom. IV. Phyf. 1780. Dieser Abhandlung hat der Hr. Verfasser vorausgesetzt: eine kurze Anzeige der Bemühungen um die gesammte Kräuter-Kunst in der Pfalz von etlichen pfälzischen Gelehrten.

--- --- Von einigen ausländischen Bäumen, die in dem Kurfürstlichen botanischen Garten zu Mannheim im freien ausgedauert. In den Bemerkungen der Pfälz. Oeconom. Gesellschaft vom Jahr 1774. S. 123--298. Hinten an stehet das lateinische Verzeichnis von diesen Bäumen nach alphabetischer Ordnung.

--- --- Von dem Baue der süsen Pomeranzen Staude. Ebendaselbst vom Jahr 1776.

--- --- Fortgesezte Beobachtungen von naturalisirten Bäumen die im freyen ausdauren. Ebendaselbst vom Jahr 1777. S. 1-80.

--- --- Anmerkung über die Versuche ausländische Bäume und Sträuche an unsern Himmelsstrich anzugewöhnen. Ebendaselbst vom Jahr 1778. S. 29--61.

--- --- Versuche über die beste Art der Anpflanzung, um ausländische Bäume an unsern Himmelsstrich anzugewöhnen. Ebendaselbst vom Jahr 1780. S. 131--177.

--- --- Von der Königin der Blumen, der Fackeldistel. In den Rheinischen Beiträgen vom Jahr 1780. 2. Band. S. 155--159.

--- --- Die Beschreibung des *Bisangs*. 1. und 2. Stück. S. 256 -- 264 und 348 -- 364.

--- --- Ueber die Veredlung der Roßkastanie. Lautern 1780. 4. Herr Prof. Suckow hat auch darüber Versuche angestellt in den Bemerkungen vom Jahr 1780. S. 177 -- 193.

--- --- Beiträge zur schönen Gartenkunst. Mannheim gr. 8.

--- --- Botanische Beobachtungen Mannheim. gr. 8.

Die Rezensenten miskennen die Verdienste dieses gelehrten Mannes um die Botanik nicht; nur sind sie unzufrieden mit der Härte, womit er die Fehler des grosen Lind rüget. Sehet Götting. gelehrte Anzeigen vom Jahr 1783. 65. Stück S. 654. Hr. Professor Gattenhof, sagt von ihm, in der obenangeführten Vorrede nota n) *Novo condito Mannhemii horto academico, non nisi rarioribus elegantissimisque stirpibus florente, suoque in plantandis libero aere exoticis studio, inclaruit.*

d) Herr Hofrath Suckow hat bei Gelegenheit des zu Lautern angelegten Botanischen Gartens auch eine öconomische Botanik geschrieben, die sehr geschäzet wird und 1777. in gr. 8. zu Mannheim und Lautern heraus kame. Er bemerket bei jeder Pflanze die botanische Kennzeichen und den öconomischen Gebrauch.

B.
Von Pfälzischen Mineralogischen Schriften.

a) **Geier** (J. D.) *Schediasma de montibus conchiferis & glossopetris Alzeiensibus.* Frankfurt und Leipzig 1687. in 8. und in 4.

Der Verfasser war zuerst Ober-Amts-Physicus in Alzei, hernach Arzt in der Vestung Friedrichsburg bei Mannheim. Siehe Hr. Andrä Alceia palatina S. 8. Not. uu. Er gehörte zu den Mineralogen, welche diese versteinerte Schnecken, Muscheln und Natterzungen nur für lusus naturæ ausgegeben, und die sich mit der Zeit coaguliret hätten. Siehe Hr. Flads specimen chorographicarum antiquitatum S. 9. Not. a. Wo von verschiednen Autoren gehandelt wird, die von Pfälzischen Mineralien sowohl als Pflanzen geschrieben haben.

b) **Crone** (J. E.) *Prolusio Oryctographiæ Neostadiensis.* Oder Beschreibung der zu Neustadt an der Hardt entdeckten Fossilien. Speyer 1740. 8. Samt einer Kupferblatte und 2 Anhängen 1) Von den vortreflichen Goldgründen in der Pfalz. 2) Von der künstlichen Erzeugung des Salpeters und
leichter

leichter Anlegung sehr einträglicher Salpeter-Hütten.

Das ganze Werkgen enthält nur 53 Seiten, und die Beschreibung der Versteinerungen gehet nur von Seite 18--36. Der Verfasser war Evangelisch-Lutherischer Prediger in der Neustadt. In der Vorrede ziehet er eine Pfälzische Mineralogische Schrift an, welche ich fast nirgends gefunden, nemlich des berühmten Thomas Erastus epistolam *de lapide fabuloso, qui in Palatinatu reperitur.* In *Simleri* Bibliotheca und in *Adami* vitis Medicorum, wo von Erastus Schriften gehandelt wird, erscheint dessen *volumen epistolarum Med.* ob aber daselbst dieser Brief vorkomme weiß ich nicht.

Hr. Slad sagt am angeführten Ort, daß *P. Hœgelein* in specimine Physiologiæ experimentali. Heidelberg 1715. S. 32 und 35 auch mit wenigem der Pfälzischen Mineralien gedenke, so wie auch Keißler in seinen Reisen, nach der Auflage von 1751. S. 1466. und Hr. Wilh. Bernh. Nebel, der eine besondere Dissertation *de lapide nephritico.* Heidelb. 1733. 4. herausgegeben, und der damalen zu Heidelberg vor dem Speyrer jezt Mannheimer Thor, über dem Nekar auf dem heiligen Berg, und bei Schwezingen auf dem Weg gegen dem Ketscher Wäldchen zu, zufinden war. Der Verfasser der Anmerkungen über die Versteinerungen und ihre Entstehung in den rheinischen Beiträgen vom Jahr 1779. 5. Heft. S. 361 -- 375. redet auch von denen aus dem Oberamt Alzei, bei Weinheim, Ufhofen und Heimersheim.

c) Hæffelins *Observations sur une Colonne de granit connuë dans le Palatinat, sous le nom de Colonne des Géans* in Act. Academ. Mannh. Tom. IV. Hist. S. 81 - 103.

--- --- In deutscher Sprache in den Rheinischen Beiträgen vom Jahr 1777. und 1778.

Der Herr Verfasser behauptet, daß man fast alles in der Pfalz finde, was man bisher nur in dem Morgenland gesucht habe; die schönsten Agat-Steinen, Onychen, Jaspissen, Amithysten, und verschiedenen Marmel, welche dem Ausländischen an Feinheit und Niedlichkeit der Farben nichts nachgeben. Besonders ist die sogenannte Riesen-Säule auf dem Felsberg in dem Bezirk des Oberamtes Lindenfels der Gegenstand seiner Untersuchung. Sie hält 32 Fuß in der Länge, unten $\frac{4}{3}$ und oben $3\frac{1}{4}$ Fuß im Diameter, und ist die gröseste ausserhalb Italien bekannte Säule von Granit. In dem Vorhof des alten Heidelberger Schlosses an einem zerfallenen Brunnen hat der Hr. Verfasser auch solche Säulen entdeckt, die würdig wären an einem bessern Ort zu stehen; sie sind unter dem Kurfürst **Philipp** dem aufrichtigen aus dem Ingelheimer Palast nach Heidelberg gebracht worden, und waren an dem ersten Ort schon zu den Zeiten Karl des grosen, der Sie aus dem Palast des Kaiserlichen Stadthalters zu Ravenna erhielte. Wie aus einem Brief aus *Bouguets* scriptoribus rerum Francic. Tom. V. S. 582. bewiesen wird.

--- --- Brief an H. von K. über eine merkwürdige Stelle aus den Bruchstücken des Cornelius Nepos, zur Aufklärung der Kunstgeschichte der alten Deutschen. In den Rhein. Beiträgen vom Jahr 1780 7. Heft. S. 28--36.

Ein schäzbarer Beitrag zu der vorigen Abhandlung, die selbst aus einem Römischen Schriftsteller beweiset, daß die Römer schon die kostbare Steinen der Deutschen geschäzet haben.

d) COLINI (Cosmus) *Journal d'un voyage, qui contient quelques observations mineralogiques, particulierement sur les Agates & le Basalte. avec figures.* a Mannhem. 1775. 8.

--- --- Ins deutsche übersezt von Hrn. Diaconus Schröter. Ebend. 1777. 8.

Der Herr Verfasser beobachtet durchgehends die Erd-Arten, das Gestein und den Bau der Bergen. Unweit Kreuznach ist ein

Stein der in einen Mergel zerfällt, in welchem man Austerschaalen findet, die gewis vom Meer herkommen, weil sie von See-Thieren durchboret sind. Die gegrabenen Porcellanen, die selten, bei Weinheim. Länglichte und Walzenförmigte Versteinerungen, die geblättert und Knochen zu seyn scheinen, auch Agatsteine bei Slonheim. Von den Quecksilber-Gruben bei Mörschfeld, und bei Kreuznach, und von den dasigen Salzwerken und Gradier-Häusern umständlich. Das übrige, wovon der Herr Verfasser handelt, liegt ausser der Pfalz. Siehe Göttinger gelehrte Anz. igen vom Jahr 1777. S. 457--462. Die Anmerkungen womit Hr. Schröter diese Schrift bereichert, sind theils aus eigner Erfahrung, theils aus anderen Schriftsteller entlehnet. Eine umständliche Anzeige und Auszug steht in der Lemgoer Bibliothek der deutschen Litteratur. II. Band. 1777. S. 196---212.

--- --- *Description de plusieurs mines de Mercure du Palatinat, du Duché de Deuxponts, & de quelques autres endroits du voisinage, avec des observations sur ces mines, & une nouvelle methode de les distribuer.* In *Actis Acad. Mannh.* Tom. I S. . 505-540. Diese schöne Beschreibung stehet in deutscher Sprache im 3. Band der Mineralogischen Belustigungen S. 167, und im neuern Hamburgischen Magazin im 4. Band S.

195. Die Queckſilber-Bergwerke, die der Hr. Verfaſſer darinnen beleuchtet, ſind folgende: 1) pfälziſche: zu Mörſchfeld, Wolfſtein, Katzenbach, Spitzenberg, Nack, Grind, Pozberg in den Ober-Aemtern Alzei, Lautern und Lauterecken; 2) Zweibrückiſche: auf dem Stahlberg, zu Moſchel, Lemberg, Erzweiler, Baumholdern, Wolferſweiler; 3) Rheingräfliche: zu Münſter-Appel.

c) Ferbers (J. Jac.) Profeſſors der Natur-Geſchichte und der Phyſik zu Mietau, Bergmänniſche Nachrichten von den merkwürdigſten Mineralogiſchen Gegenden der herzoglich Zweybrückiſchen, Wild und Rheingräflichen und Naſſauiſchen Länder. Mietau. 1776. gros 8. 7. Bogen. 2 Kupfer.

Kenner bedauren, daß dieſe Nachrichten nicht weitläuftiger ſind. Bei dem Mörſchfelder-Werk, deſſen Erz-Gebirge aus einer ſchwarz und weis-marmorirten Stein-Art beſtehet, verweilet ſich der Verfaſſer am längſten. Siehe Lemgoer Bibliothek ebendaſelbſt S. 271 -- 276.

f) Schimper (Joh. Konr.) über eine beſſere Methode, das Queckſilber aus ſeiner Miner zu ſcheiden, ohne daß ſo viel von demſelben, wie bisher verlohren gehe. In den Bemerkungen der Pfälziſchen Oeconomiſchen Geſellſchaft vom Jahr 1773.

S. 109--146. Eine Preis-Schrift, welche die pfälzische Academie der Wissenschaften im Jahr 1768. mit 25 Ducaten krönte. Der Verfasser, welcher damals Oberamts-Physicus zu Kussel gewesen, nun aber in Trarbach stehet, hat bei der ganzen Abhandlung sein Augenmerk auf die bisherige Scheidungs-Art auf den Pfälzischen und Zweibrütischen Werkern genommen. Darum ist es auch billig seiner hier zu gedenken; so wie auch der zwey folgenden Schriften, die, nach dem Urtheil der Kenner nicht weniger gründlich von eben diesem Gegenstand handlen.

g) Jacobi (Burkhard) Beschreibung der auf den Kurpfälzischen und Zweibrückischen Bergwerken bisher gebräuchlichen Arten die Quecksilber-Erze zu behandeln, nebst einer neuen Methode zur Laborirung des Quecksilbers. Ebendaselbst vom Jahr 1773. S. 147-209.

Zu dieser und der vorhergehenden Abhandlung gehören 2 Kupfertafeln.

h) Sukow (D. G. A.) Von den gebräuchlichen Methoden das Quecksilber aus seiner Miner zu gewinnen, nebst einigen Vorschlägen zur vortheilhaften Einrichtung derselben. Ebendaselbst vom Jahr 1774. S. 1--49. Mit einer Kupfertafel.

--- --- Ueber die Mittel zur Vervollkommnung der Mineralien-Kunde ei-

nes Landes. Ebendaselbst vom Jahr 1781.
S. 113--145.

Nachdem der Hr. Verfasser die oft falsche
Absichten entdecket, welche man bei Anlagen
von Mineralien-Sammlungen hat, und
leztere zu einem besseren Endzweck zu gebrauchen wünschet; so handelt er von den Mit-
teln die Mineralien-Kunde eines Landes zu
befördern. Das vorzüglichste bestehet in der
Entwerfung einer Mineralogischen Karte,
worauf die Lage und Richtung der Gebürgen
genau dargestellt, und, durch Hülfe der Pri-
vat-Sammlungen, von blos Vaterländischen
Mineralien jedes Product an seiner Stelle
angezeiget würde. Es wäre zu wünschen,
daß er bei diesen patriotischen Absichten mögte Gehör finden, besonders da er bereit ist,
jedem, der sich diesem Dienste widmen will,
gerne den dazu gehörigen Unterricht umsonst
zu ertheilen.

--- --- *Mineralogische Beobachtungen über einige benachbarte Gegenden.*
Ebendaselbst vom Jahr 1781. S. 337-384.

Die bereisten Gegenden sind, die Herzoglich Zweibrückische Bergwerke in dem Oberamt Meissenheim, und der nicht weit davon
entlegene Donnersberg, in dem Nassauischen
Amte Kirchheim Polanden.

--- --- *Betrachtungen über einige
für Deutschland wichtige Fabriken und*

Gewerbe. Ebendaselbst vom Jahr 1782. S. 60 - 104.

Der Hr. Verfasser behauptet, daß die Queckſilber=Gruben in Kurpfalz und in dem Herzogthum Zweibrücken die Ergiebigſten, nebſt den Spaniſchen und Jbrianiſchen die wichtigſten in Europa ſeyen. Daher giebt er den patriotiſchen Anſchlag, eigene Fabriken in dem Lande aufzurichten, worinnen die Merkurial=Producten bearbeitet, und an innländiſche ſowol als auswärtige Handels= Leute mit groſem Vortheil und zum wahren Nuzen des gemeinen Weſens unverfälſcht verkaufet werden könnten. Es könnten nach ſeiner Meinung folgende Artikeln der Vor= wurf einer ſolchen Fabrike ſeyn: Zinnober, gereinigtes Queckſilber, dzender und verſüß= ter Sublimat, weiſer Queckſilber=Præcipi= tat, turpeth, rother Queckſilber=Kalk, Spies= Glasbutter und Spies=Glas=Zinnober. In der Abhandlung ſelbſt, durchgehet er jeden von dieſen Artikeln ins beſondere, und zeigt, nach ſeinen groſen Einſichten in der Chymie, nicht allein deſſen Beſtandtheile, ſon= dern auch die beſte Art ihn zu verfertigen.

C.
Von Pfälziſchen Mineralogiſchen Waſſern.

a) Nachricht von dem Zeiſenhäuſer Mineralogiſchen Brunnen und Bad. 1715. 8. 120 Seiten.

Der Verfasser Joh. Math. Briegel, wurde bei der Entdeckung des Gesundbrunnens von dem Herzog zu Würtemberg Eberhard Ludwig zum Oberaufseher des Bads gesezet, und beschreibet in dieser Abhandlung dessen Lage, Ursprung, Mineralogische Bestandtheile, innerlichen und äusserlichen Gebrauch und die Diät, die man dabei zu beobachten hat. S. 61 - 120. werden weitläuftig die Kuren beschrieben, welche schon durch dessen Kraft verrichtet worden seyn sollen.

b) **Historisch-physicalische Nachricht von dem Zeisenhäuser Mineralischen Brunnen und Bad** Von *I. A. G. (Gesner) M. D.* Stuttgart 1746. 8. 127 Seiten.

Der Verfasser hat, wie er selbst gestehet, sehr vieles aus der vorhergehenden Abhandlung entlehnet und wörtlich beibehalten; nur in der Beschreibung des Bades nach seiner äuserlichen Beschaffenheit ist er viel genauer, weil zu Briegels Zeiten die Gebäuden und übrige Bequemlichkeiten zum besten der Kur-Gästen noch nicht angeleget gewesen, und die Beispiele von glücklichen Kuren hat er auch in etwas abgekürzet, weil sie in der ersten Abhandlung zu sehr überhäufet gewesen.

c) **Kurze Beschreibung von eben diesem Brunnen und Bad.** Mannheim 1765. 8. 96. Seiten.

Der Verfaſſer iſt, nach dem Namen unter der Zueignungs-Schrift, Franz Heimhilger, damaliger Phyſicus auf dem Bad. Er bemerket vorzüglich die Veränderungen, die mit demſelbigen vorgenommen wurden, da der Ort und das Bad an Kurpfalz kame.

d) **Eigenſchaften und Wirkungen des Zeiſenhäuſer Bades.** Heidelberg 1770. 8. 42 Seiten.

Darinnen werden die allerneueſten Einrichtungen, die mit dem Bade vorgenommen worden, beſchrieben, und, darauf in 4 Kapiteln von deſſen Gebrauch ſowol als Nuzen gehandelt, und man muß geſtehen, daß, in Rückſicht auf die Schreibart, dieſe Abhandlung viele Vorzüge vor den übrigen hat. Nach der Mannheimer Zeitung vom 26. Mai 1784. S. 264 ſind überhaupt die Zeiſenhäuſer Waſſer vorzüglich heilſam bei Gliederſchmerzen, Lähmungen, Gräsartigen Ausſchlägen und unterdruktem monatlichen Reinigungs Zuſtänden.

e) de PRE (J.F.) *phyſici Neoſtadienſis* Bericht des bei Edenkoben in der Pfalz zwiſchen Landau und Neuſtadt gelegenen Geſundheits-Brunnen. Frankf. 1715. 8.

Es ſind noch mehrere ſolcher Brunnen in der Pfalz, obgleich dieſelbige nicht durch Schriften bekannt ſind, z. B. zu Wießloch und zu Rockenhauſen. Einer iſt in der Nachbarschaft bei Lautern in dem Freyherrlich von Hackischen Ort Trippstadt, von dem man auch eine gedruckte Nachricht hat, die Herr Professor Schömmezel in Heidelberg aufgesezet.

D.
Von Pfälzischen Schriften zur Natur-Geschichte der Menschen und der Thiere gehörig.

1.
Von den Menschen.

a) NEBELII (Dan. Wilh.) *Fœtus ossei per LIV. annos extra Uterum in Abdomine detenti historia*, in Act. Acad. Mannh. Tom. II. S. 403 - 522.

Mit 6 Kupfertafeln, welche diese versteinerte Geburt auf allen Seiten zeigen. Die Frau, welche sie 54 Jahre bei sich getragen, war die Wittib des ehmaligen Herrn Rektors Andred in Heidelberg. Sie hatte zuvor 2 Kinder bekommen, und lebte 91 Jahre.

b) Medicus (Fried. Cas.) *Vorlesungen über 2 im Wasser vorgefundenen unverweslichen Körpern*. Ebend. Tom. I. S. 469-486. Tom. II. S. 309-402.

Die Geschichte der dabei angeführten unverweslichen Körpern aus allen Theilen Europens, ist in diesen Abhandlungen sehr weitläufig und angenehm beschrieben.

c) **Beitrag zur Natur-Geschichte des Menschen.** In den Rhein.Beitr. vom J. 1778. 10. Heft. S. 275-289. 11. Heft. S. 340-352.

Er enthält die Lehrart wornach Herr Hofkamer-Rath Niesen, der Verfasser der Algebra für Sehende und Blinde, den jungen blinden **Weissenburg**, einen Sohn des Kurpfälzischen Raths gleiches Namens glücklich unterrichtet, mit artigen Folgerungen, die daraus hergeleitet werden.

2.
Von den Thieren.

COLINI (Cosm.) *Description d'un cerf du Cap de bonne Esperance: avec la figure de cet animal*, in Act. Acad. Mannh. Tom. I. S 487-491.

Die sehr schöne Abzeichnung dieses Hirsches ist von dessen Haut genommen, die sich in dem Kurfürstlichen Naturalien-Kabinet befindet.

3.
Von Insekten.

a) **Riems** (Joh.) **Physicalische Wahrnehmungen in der Bienenzucht.** In den

Bemerkungen der Pfälz. Oeconomischen Gesellschaft vom Jahr 1769. S. 83-144, und vom Jahr 1770. S. 140-225.

Diese Abhandlung eines der glücklichsten Beobachter in diesem Fach gehöret mehr zur Natur-Geschichte der Bienen, als zu den Schriften, welche die Bienenzucht auf der öconomischen Seite betrachten, und darum verdienet sie auch hier die erste Stelle. Sein Enthusiasmus, womit er in der Pfalz die Bienenzucht überhaupt auszubreiten suchte, war der erste Grund zu der öconomischen Gesellschaft in Lautern, die freilich hernach erst recht bekannt wurde, nach dem sie der jezige Kurfürst unter seinen besondern gnädigen Schuz nahm. Hr. R. hat auch über die Bienenzucht noch sehr viele Schriften bearbeitet, die alle angeführet werden in Müllers Einleitung in die öconomisch-physicalische Bücher-Kunde. 1. Band Leipzig 1780. gr. 8. S. 142.

b) Niesen (Christ.) von dem Honigthau der Schwezinger Linden, der Bienen häufigsten Nahrung. Ebendaselbst in den Bemerkungen der Pfälzischen öconomischen Gesellschaft vom Jahr 1769. S. 145-169.

Dieser Honigthau bestehet, nach des Hrn. Verfassers Meinung, aus dem Unrath, welchen Blattläuse von den Blättern des Lindenbaums fallen laſſen. Hr. Schwab giebt ebendaſelbſt vom Jahr 1770 I. Theil. S. 107-137. den Pfälzern auch ſehr gute Vorſchläge, ihren Bienen reichliche Nahrung zu verſchaffen.

c) Von den Rebenſtichern. Ebendaſ. vom Jahr 1770. im 2. Band.

Es finden ſich in dieſem Band drei Abhandlungen, als Beantwortungen über folgende Preis-Frage von der Mannheimer Academie: welches iſt die Natur und Eigenſchaft der Rebenſticher, die in dem Früh-Jahr an den friſchen Keimen und Reben öfters ſo groſſen Schaden thun, von dem Ey an bis zu ihrem Untergang --- wie ſieht dieſes Ungeziefer aus, und welchen Veränderungen iſt es unterworfen --- in welchem Boden und in welcher Art von Reben trift man es am häufigſten an, und wie kann es am beſten und leichteſten vertilget, oder die Reben dawider verwahret werden? Die erſte Abhandlung, von dem Herrn Hof- und Regierungrath Vorſter in Kur-Mainziſchen Dienſten, hat den Preis erhalten. Sie ſtehet S. 1-110. Die 2te von H. Pfarrer Walther zu Weſthofen das acceſſit, S. 110-149. und die 3te von einem ungenannten S. 150-168. wurde auch des Drucks würdig geachtet. Hr. Regir. Rath Medicus ſagt in dem Vorbericht: Die erſte wäre die würdigſte, weil ſie die beſte Mittel an die Hand giebt, dieſen Feind des Weinſtoks zu verdrängen, nemlich die Vermiſchung des Erdbodens, anſtatt des öfteren Dungs, der durch ſeine Ausdünſtung ihn nur herbei ziehet. Die zweite hat Verdienſte um die Geſchichte dieſes Ungeziefers, von ſeinem Ey an bis zu ſeinem Untergang, fehlet aber darinn, daß ſie mehr die Folge von den Erfahrungen als leztere ſelbſt beſchreibet, und die dritte hat Erfahrungen, die auch Achtung verdienen. Von den übrigen Abhandlungen, die bei dieſer Gelegenheit der Academie überſendet worden, hat man einen Auszug gemacht, und ſie dem Publikum in einem beſondern Bändgen mitgetheilet. Der eine Verfaſſer iſt ein Pfälzer, Hr. Notarius Breuchel von Gimeltingen.

d) Flad (Joh. Dan.) natürliche Geſchichte des Kirſchenwurms, und der daraus entſtehenden Mücke, in den Akten der Mannheimer Academie. Tom. III. S. 106 - 125.

Die 6te Kupfer-Platte, welche dieſem dritten phyſicaliſchen Band angehängt iſt, enthält die Geſchichte dieſes Inſektes, von ſeinem erſten Entſtehen an bis zu ſeiner natürlichen Gröſe, in einer ſehr mannigfaltigen Geſtalt, und am Ende der Abhandlung ſelbſt, S. 125. iſt eine ſehr deutliche Erklärung davon mitgetheilet worden.

e) **Pollich** (Joh. Adam) von einigen Insekten die in des Ritters von Linné Natur-System nicht befindlich sind. In den Bemerkungen der Pfälz. öconom. Gesellschaft vom Jahr 1779. S. 252-281.

Sie stehen auch in den *novis Actis physico-medicis academiæ cæsareæ Leopoldino-Carolinæ naturæ curios.* Tom VII. Norinbergæ 1783. Es ist eine Art des Tagfalters, des Schröters, des Nachtfalters, der Blatt-Wespe, der Schnupf-Wespe und drei Arten der Wanzen, die der Verfasser in der Pfalz und in der Gegend von Weilburg gefunden hat. Siehe Gött. gelehrte Anzeige vom Jahr 1783. S. 1540. Zu Weilburg hielte sich der geschikte Natur-Kundige in der lezten Zeit seines Lebens auf, dann er war schon sehr krank, als er nach Lautern kame, und gleich darauf starbe.

Sit tibi terra levis!

Drittes

Drittes Kapitel.

Von den Schriften, welche die Pfalz am Rhein, in Ansehung dieser oder jener Gegend ins besondere beschreiben.

§. 1.

Von den drei Hauptstädten insgemein.

A) Kurze Vorstellung der Industrie, in den drei Hauptstädten und sämtlichen Ober-Aemtern der Churfürstlichen Pfalz, rücksichtlich auf die Manufakturen, die Gewerbschaften und die Handlung. Frankenthal bei Ludwig Bernh. Fried. Gegel. 1775. gr. 8. 183. Seiten.

Dieser Aufsaz, ob er gleich unvollständig, ist dennoch sehr merkwürdig, und, wie selbst der erste flüchtige Anblick lehret, zum theil mit aus den besten Quellen geschöpfet, und zugleich selten. Daher wird es wohl dem Leser nicht unangenehm seyn, wenn ich dessen Innhalt etwas umständlich anzeige, und bei jedem darin enthaltnen Stück mich insbesondere verweile.

Damit der Leser wisse, was er hier eigentlich zu erwarten habe, erkläret der Verfasser in dem kurzen Vorbericht, was er unter **Industrie** verstehe, nemlich: Alles das, was zu den Fabriken, den Manufakturen, der Handlung und den Gewerbschaften, welche für die Handlung arbeiten, gehöret, und wovon also alles ausgeschlossen seye, was darauf keinen Bezug habe, als z. B. die Künste, die Wissenschaften, und die niedrigere eigentliche handwerksmäßige Gewerbe. In Rücksicht auf die drei pfälzische Hauptstädte, Mannheim, Heidelberg und fürnehmlich Frankenthal, hat er dieses alles auch sehr genau dargestellet, und dafür wird ihm gewiß auch jeder Liebhaber der vaterländischen Topographie danken. Aber warum stehet auf dem in dieser Absicht etwas zu stolzen Titel: **Von der Industrie --- Auch in dem sämtlichen Oberämtern?** Auser der kleinen Nachricht, von den besondern Baumschulen, welche die Maulbeer= Bäume= Plantagen= Gesellschaft in jedem Oberamt aufgerichtet, findet man ja, nach dem von dem Verfasser selbst bestimmten Sinn dieses Worts, davon gar nichts in dem ganzen Aufsaz --- und man sollte also glauben, daß das ganze pfälzische Commercium, in die drei Hauptstädte eingeschlossen seye? und wo bleibt denn die Nachricht von dem in den übrigen Ober= Amtsstädten eben so guten und nuzbaren Anstalten, die der Verfasser doch gewiß auch zur pfälzischen Industrie rechnet, als z. B. von **Siamois=Fabrik in Lautern**, von der **Stärk= Puder= Fabri=**

ke in Bacharach, und der erst neu aufgerichteten Leinwand-Fabrike in Alzei und dergleichen mehr? --- Doch dieser kleine Tadel soll und kann dem Verfasser von seinem übrigen Verdienste nichts benehmen: Genug, daß er uns, wenigstens von der Industrie in den drei pfälzischen Hauptstädten eine Nachricht gegeben, die noch zur Zeit die einzige in ihrer Art ist.

In der ersten Abteilung, unter dem Titel die erste Haupt- und Residenz Stadt Mannheim: liefert er zuerst die Privilegien, *) welche der jezige Kurfürst, unter

*) Man hat verschiedene Privilegien von der Stadt Mannheim, die nach und nach gedruckt worden, und daraus man am besten lernen kann, wie eben diese Stadt stufenweis zugenommen hat. Die Aelteste, gegeben von dem Stifter der Stadt, Friedrich IV, kamen zu Heidelberg heraus 1607. und wurden daselbst nachgedruckt 1615 in deutscher, französischer und niederteutscher Sprache, auf 16 Seiten in 4. Unter dem Kurfürsten Karl Ludwig, wurden dieselbige erneuert, und gedruckt ebendaselbst im Jahr 1652 auf 18 Seiten in 4 und das sind die nemliche, welche der Herr Konsistorialrath List in der Geschichte seiner Gemeinde zu Mannheim S. 10. anziehet. Sie müssen wohl unterschieden werden von den besondern Privilegien, welche eben dieser Kurfürst der Festung Friedrichsburg ertheil-

dem 18. November 1743. der Stadt Mannheim gegeben. Sie stehen S. 7-27, und sind in zwey und zwanzig Artikeln abgefaßt, und sehr vortheilhaft für den Bürger, besonders wenn er neue Gebäude auf= oder irgend einen neuen Handlungs=Zweig einführen will --- und sie müssen es noch mehr zu der Zeit gewesen seyn, da das Hoflager in Mannheim war. Jeder Bürger muß bei seiner Aufnahme tausend Gulden im Vermögen haben, und im Fall als er Handlung zu treiben gedenket, noch zweimahl so viel. Die Juden und Wiedertäufer werden, nach einer noch besonders ausgefertigten Concession, behandelt. Jezt sind (nach S. 28-36) 248 Handelsleute und Künstler in der Stadt, die hier alle, wie auch bei Heidelberg und Frankenthal unter ihren besondren Rubriken namentlich angeführet werden. Nahe bei der Stadt ist (nach S. 36)

let im Jahr 1663, und die in eben diesem Jahr zu Heidelberg in 4. auf 12 Seiten gedruckt worden. Die von den folgenden Kurfürsten erschienen ebend. 1690. 4. 35 Seiten, 1702 auch auf 35 Seiten — und zulezt 1744 auf 32 Seiten, und davon sind wahrscheinlich die, deren im Text gedacht wird, ein Abdruck — der desto schäzbarer, weil die erste Auflage selten mehr gefunden wird. Von Heidelberger gedruckten Privilegien, sind mir, auſſer denen, die der Verfaſſer in der Folge anführet, keine bekannt.

merkwürdig, die 1738 errichtete Bleiche, welche von der ganzen umliegenden Gegend benuzet wird, und die, seit 1769 zu Keffersthal angelegte Rhabarbara Pflanzung, wovon eine nähere Nachricht zu finden, in den Bemerkungen der Kurfürstlichen physikalisch-Oeconomischen Gesellschaft vom Jahr 1771.

In der zweiten Abtheilung, (S. 37 - 64) handelt der Verfasser nach eben diesem Plan, von der zweiten Haupt- und alten Residenz-Stadt Heidelberg. Die Privilegien der Stadt, auch von dem jezigen Kurfürsten, von dem 17. September 1746 stehen S. 39-50. und sind für den Bürger fast eben so vortheilhaft, wie jene, für die, welche sich zu Mannheim niedergelassen, indem sie auch, in Rücksicht auf ihre Haus-Consumption, frei von der Accis-Abgabe, und von der Leibeigenschaft und den Frohndiensten, u. dergl. mehr sind. Von einem neu aufzunehmenden Bürger wird ein Vermögen von 800-1000 Gulden, und von einem der die Handlung treiben will, wenigstens 1500 Gulden gefordert. Wiedertäufer sollen, nach einem alten Gebrauch, gar keine in der Stadt wohnen, und die jüdische Familien sollen mit der Zeit auch auf eine gewisse Anzahl eingeschränket werden. Jezt sind in der Stadt (S. 51-64) ausser denen, welche bei der Cids- Seiden- Wachs- Papier- Tapeten und Savonerie-Fabrike arbeiten, 196 Handwerksleute und Künstler, und unter andern, 10, welche mit Seiden= Woll= Baumwoll= Leinen= und Galanterie=Waaren handeln, und 29, welche Specerei, Materialien, Taback, Eisen und andre kurze Waaren führen. Die Maulbeer=Bäume=Plantagen=Gesellschaft, und die damit verbundene Seiten=Zucht= und Seitenstrümpf=Fabrike, hat, (nach S. 65=76) unter dem 16. Februar 1774. ihre besondre Privilegien erhalten. Sie darf ferner 30 Jahre, mit ausschließlichem Rechte, das Geschäfte betreiben, und ist, wenigstens nach Herrn Westenrieders Pfalz=Baierischen Erdbeschreibung auch sehr glücklich darinnen, indem sie allein in dem Jahr 1781 für 100,000 Gulden Seiden erzielte.

Die dritte Abtheilung ist die vollständigste, und handelt (S. 7=183) von der dritten pfälzischen Hauptstadt Frankenthal in folgender Ordnung: a) Von den neuesten Privilegien der Stadt von dem 2. Mai 1771. Es sind 18 Artikel, welche fürnemlich für den Handelsmann und Fabrikanten, der dahin ziehen will, so vortheilhaft, daß es gewis blos an ihm liegen mus, wenn er dieselbige nicht auch zu seinem Vortheil anwendet, und dabei sein Vermögen erhöhet, indem ihm alles --- um empor zu kommen --- auf eine rechtmisse und väterliche Weise erleichtert worden. Auch Me=

noniſten und Juden, die Handlung und Gewerbe treiben, ſollen daran Antheil nehmen. Wenn die Innwohner Häuſer bauen, welche 1000 Gulden werth, ſo ſollen dieſe 15 Jahre, und wenn die Häuſer 15000 Gulden werth, ſo ſollen ſie 30 Jahre Schazungs frei ſeyn u. ſ. w. b) Von der Verfaſſung der Rhein-Landen in dem älteren, mittleren und jüngeren Zeitalter, und ins beſondere der Stadt Frankenthal in drei Abſäzen. (S. 108 - 121.) Was in dem erſten Abſaz von der Bevölkerung der rheiniſchen Gegenden, vom Jahr vor Chriſti Geburt 58 an, bis an das 8te Jahrhundert geſagt wird, iſt wenigſtens wahrſcheinlich, weil die römiſche Heerzüge in dieſen Gegenden bekannt, und weil das Vergnügen, welches ſie daran gehabt, um hier, wo möglich ihre beſtändige Wohnungen aufzuſchlagen, eben ſo wohl aus Klaſſiſchen Schriftſtellern bewieſen werden kann; Aber ob der Verfaſſer auch den Regeln der Wahrſcheinlichkeit nach geſchloſſen, wenn er in dem zweiten Abſaz, noch vor der Erbauung der zwei bekannten Klöſter im Jahr 1119. ſchon aus Frankenthal einen ſehr volkreichen Ort machet, wo beſonders viele edle deutſche Ritter gewohnet hätten, daran zweifle ich ſehr. Weſtenrieder ſagt auch an dem oben angeführten Ort, daß es eine Erdichtung, daß dieſe Stadt

F 4

schon zu der Römer Zeit bewohnet gewesen, und das glaube ich auch von dieser Behauptung, weil die Urkunden des achten Jahrhunderts sie nur unter dem Nahmen eines Dorfes aufstellen. (S. Cod. Lauresh. diplom. Tom. II. S. 9=12.) Der dritte Absatz dieser Geschichts=Erzählung preiset mit Recht die vielen herrliche grose und vortrefliche Einrichtungen des jezigen Kurfürsten zu immer grösserer Aufnahme und Bevölkerung dieser Stadt. c) Von dem Statu der Einwohnerschaft in der dritten pfälzischen Hauptstadt Frankenthal. (S.123=158.) Derselbige ist musterhaft schön eingerichtet, indem man daraus gar leicht das ganze übersiehet. Nach demselbigen waren in dem Jahr 1775 in der Stadt: 5 Kirchen, 4 Pfarr= 5 Schul= 15 Herrschaftliche= 17 anderseitige öffentliche, und 399 bürgerliche Häuser, nebst 134 Scheunen, und bei den Fabriken zählte man 1337 --- in der Stadt 1982 --- überhaupt 3319 Seelen, welche nach der pfälzischen General=Tabelle vom Jahr 1779 schon bis auf 3588 sich vermehrten, und jezo wohl bis zu 4000 hinauf gestiegen sind. d) Drei Kurfürstliche gnädigste Rescripten. (S. 161 -- 183.) Das erste ist eine allgemeine Woll= Wasch= und Scheer=Ordnung, gegeben unter dem 24. Mai 1774., welche höchst nöthig gewesen, weil, nach einer andern vorhergehenden Verordnung, nun keine Wolle mehr darf ausser Landes geführet werden: Das zweite betrift eine neu anzuordnende Schaaf-Wasch- und Scheer-Zunft, die unter dem nemlichen Dato zum ersteren Behuf errichtet worden; und das leztere enthält die Privilegien, der zu Frankenthal errichteten Schützen-Gesellschaft, unter den 17. Mai 1773.

Aus dem Inhalt des ganzen Werkchens erhellet überhaupt, daß der unbekante Verfasser jedem, der sein Vaterland gerne kennet, damit ein angenehmes Geschenk gemacht habe --- und daß es sehr zu wünschen, daß er, der wahrscheinlich an den Quellen sizet und sie benuzen kann, noch mehrere Beiträge von der Art dem Publikum mittheilen mögte.

B) *Pfälzischer kleiner Kalender auf das Jahr* 1778. worinn nebst einer vollständigen Genealogie der herrschenden Häuser in Europa, eine Anzeige von den Merkwürdigkeiten, öffentlichen Anstalten, und anderen sehenswürdigen Sachen in der Stadt Mannheim so wohl als der umliegenden Gegenden enthalten. Mannheim in der Hof- und Academie-Buchdruckerei 1778. ohne Seitenzahl in 16.

--- --- --- auf das Jahr 1779. Ebendaselbst 130 Seiten.

--- --- --- auf das Jahr 1780. Ebendaselbst 115 Seiten. ---

Es war gewiß eine gute Erfindung, fürnemlich zum Nuzen der Fremden und Reisenden, in einem so bequemen Taschen-Format, einen so kurzen und doch so genauen, und selbst für den Mann von Geschmack, so angenehmen Unterricht von den pfälzischen Merkwürdigkeiten zu bearbeiten! Mancher Inländer kann selbst sein Vaterland daraus auf einer Seite kennen lernen, auf welcher er es vielleicht bisher noch nicht erkannt hat, und wird er es nicht lieber thun, da das Büchlein so wohlfeil, und er auch ohne dies jährliche Berichtigungen erwarten darf und kann? Ich will zuerst anzeigen, was der kleine Kalender von 1778 in sich enthält, und hernach melden, worinnen die in den folgenden Jahren von 1779 und 1780 von ihm unterschieden sind. ---

Die Beschreibung von Mannheim nimt, sehr enge zusammen gedruckt, bei sechs und zwanzig Blätter ein, und handelt von folgenden stücken: a) von der Stadt insgemein, und darauf insbesondre von dem Kurfürstlichen Residenz-Schloß, von der, in dessen linken Flügel erbauten Kapelle, von der jezigen Hof- ehmaligen Jesuiter-Kirche, und von dem Opernsaal, darauf den 17. Jan. 1742. zum erstenmal gespielet wurde; und bei allem dem ist gewis nichts vergessen, das nur einige Aufmerksamkeit verdienet. Am schätzbarsten wird ohne Zweifel für Mannheim seyn, die unter dem Titel: **Hofmusik**, dabei angebrachte kurze Schilderung des ehemals berühmten pfälzischen Orchesters, wo die berühmtesten Meister mit treffenden Zügen charakterisirt sind, und dabei dem blosen Liebhaber schon die Nahmen: **Holzbauer, Raff, Cannabich und Fränzel**, und andre mehr, sehr intressant seyn müssen!

b) Von den Anstalten, wodurch sich der jezige Kurfürst so vorzüglich um die Künsten und Wissenschaften verdient gemacht hat, und die so wichtig, daß es unterzeichbar wäre, wenn sie in einer pfälzischen topographischen Bibliothek nicht angezeiget würden. Es sind folgende: Die **Academie der Wissenschaften** und die **deutsche gelehrte Gesellschaft**, wovon die erstere im Jahr 1763 und die leztere im Jahr 1775 gestiftet wurde --- die **Churfürstliche Bibliothek**, welche schon über 4000 Bände zählet --- die **Kabinetten der Antiquitäten**, der **Naturlehre**, der **Münzen**, und der **natürlichen Seltenheiten**: Das vorleztere hat zwar der Kurfürst Johann Wilhelm angelegt, aber der jezige um gar vieles vermehret --- der **Botanische Garten**, vor dem Heidelberger Thor, von dem im Jahr 1771 ein beson-

dres Pflanzen-Verzeichnis herausgekommen --- die Sternwarte, welche 108 Schuh hoch, und durch 5 steinerne Gewölber abgetheilet ist --- die Sammlung von Gemählden in zehen Zimmern, darunter vorzüglich viele sehr seltne flamändische Kabinetsstücke, --- das Kupferstich- und Zeichnungs-Kabinet, welches über 400 Bände in Folio von den besten Kupferstichen, und einige 1000 Original-Zeichnungen von den grösten Meistern enthält --- die Schazkammer, als eine sehr reiche Sammlung von Geräthen, Juwelen und Seltenheiten an Gold, Silber und kostbaren Steinen, der Saal der Statüen, der von Herrn Verschaffelt eingerichtet, blos dadurch seines Ruhms würdig ist --- die Haupt-Kriegs-Schule, das militarische anatomische Theater, das Chirurgische Kollegium, die Heb-Ammen Schule, die Professur der Philosophie und schönen Wissenschaften, die Mannheimer Tonschule, die Akademie der Zeichnung und der Bildhauerkunst, und der Gemälden Kopien-Saal, bei welchen allen zu verschiedenen Jahres-Zeiten wöchentliche Vorlesungen gehalten werden.
c) Von den merkwürdigen Gebäuden. Es werden vorzüglich darunter gerechnet: das Zeughaus, welches aber hier nicht beschrieben wird, weil zu der Zeit nur der Anfang mit dessen Bau gemacht worden --- das deutsche Schauspiel-Haus, das Hotel

der Lotterie, nahe an dem Schloß, die Manzstätte bei dem Heidelberger Thor, und das Zucht- und Waisenhaus, an dem Wall. d) Von den schönen und mechanischen Künstlern, den Handelsleuten und Manufakturisten in der Stadt, ein Verzeichnis, wodurch jenes in der oben angeführten kurzen Vorstellung der pfälzischen Industrie noch etwas vollständiger gemacht werden kann.

Die Beschreibnng von Heidelberg und Frankenthal auf vier Blättern, hält sich am längsten bei den Fabriken und Manufakturen auf, die in beiden Städten errichtet sind, und deren Personal aus der Vorstellung der pfälzischen Industrie noch genauer erkannt werden kann --- und darauf wird angezeiget, was auch ausser den drei Hauptstädten merkwürdig ist --- zu Schwezingen z. B. Schloß- und Lust-Garten, zu Oggersheim auch Schloß und Garten --- zu Lautern, die ökonomische Gesellschaft und Kameral hohe Schule mit allen ihren Anstalten und Sammlungen, der Bibliothek, den Kabinetten der Naturlehre, Modellen und Naturalien, dem Chymischen Laboratorium, Botanischen Garten, Siamois-Manufaktur, und Siegelsbacher Landgut; zu Schriesheim, die in dem Jahr 1760 entdeckte römische Alterthümer; zu Lindenfels die Granit- oder Reisen=Säule; zu Dossenheim die Ankorische Ziegenheerde, und zu Keffer=Thal die Rhabarbara=Pflanzung. ---

In dem pfälzischen kleinen Kalender vom Jahr 1779 wurde der Plan in etwas erweitert, und bei Mannheim und Heidelberg ein Verzeichnis, von den Mitgliedern der in beiden Städten, Churfürstlichen Dicasterien, eingeschaltet, so wie auch von der Academie der Wissenschaften, der deutschen gelehrten und oconomischen Gesellschaft; und ich glaube, daß dieses manchem angenehm seyn wird, weil der pfalz=baierische Staats=Kalender zum Taschen=Format nicht mehr zu gebrauchen, und ich habe mich gewundert, daß bei der Ausgabe 1780 der Herausgeber diesen Plan wieder geändert hat. Sonst sind auch in den beiden lezteren Ausgaben einige Stücke bemerket, die in der von 1778 nicht zu finden, als z. B. in dem Kalender von 1779. das steinerne Kruzifix bei Seckenheim zum Angedenken des Sieges, Friedrichs I., in der Pfalz, über seine Feinde, den Bischof von Mez, Herzog von Würtenberg und Mark=Grafen von Baaden, im Jahr 1462, und wovon ein schöner Kupferstich zu finden in Kremers Lebens=Geschichte dieses Kurfürsten Band I; und in dem Kalender von 1780 die Ueberbleibsel des sogenannten Ingelheimer Saals, welchen Karl der Große im Jahr 770 erbauet, und wovon Schöpflin uns eine sehr schöne Beschreibung hinterlassen, in dem 1. Band der Akten der Kurfürstl. pfälz. Academie der Wissenschaften. S. 300. u. f. Indessen hat der erstere von 1779 doch noch einige Vorzüge für den andren, die ihn immer dem, der ihn besitzet, werth machen werden; und darunter rechne ich zum Theil die schon oben angezogene Charakteristik des ehmaligen vortreflichen Mannheimer Orchesters, und zum Theil die Anzeige, etlicher Naturalien-Kabinetten von verschiedenen Herrn in Mannheim, z. B. des verstorbenen Herrn Gouverneurs von Hohenhausen, und des geheimen Staatsraths von Stengel, und andrer. Der Herausgeber hat versprochen, daß er in den künftigen Jahren auch die Sammlungen von Gemälden in der Stadt, aus einigen Partikular-Kabinetten weitläufig anzeigen wolle. Es scheinet aber, daß er sein Versprechen nicht erfüllen konnte, weil in den Ausgaben von 1779 und 1780 nichts davon zu finden --- ob es in der allerneusten von den 80er Jahren geschehen, kann ich nicht sagen. Vielleicht lieset man es in der Abhandlung, die jüngsthin erschienen: pfälzische Merkwürdigkeiten. Mannheim. 1784. in 12.

C) Umständliche Beschreibung der im Jenner und Hornung 1784 die Städte Heidelberg, Mannheim und andre Gegenden der Pfalz, durch die Eisgänge und Ueberschwemmungen betroffenen grosen Noth; nebst einigen voraus angeführten Denkwürdigkeiten des vorhergehenden Jahres. Mannheim in der neuen Hof- und akademischen Buchhandlung 1784. 8. 237 Seiten und zwei Kupferstiche.

Der Verfasser ist nach der Unterschrift unter der sogenannten Vorerinnerung, Hr. Deurer, Commissarius bei der Kurfürstlichen Akademie der Wissenschaften, der, aus der Mannheimer Zeitung, und aus noch mehreren anders woher gezogenen Nachrichten diese umständliche Geschichte bearbeitete. Ich bleibe kürzlich nur bei dem stehen, was die drei pfälzische Haupt-Städte betrift. S. 47. - 56 beschreibet er die Verwüstungen, welche die erste Uberschwemmung vom 18. Jenner in Heidelberg angerichtet, und die, weil sie die Inwohner unvorbereitet überfiele, vieleicht vielen Menschen das Leben gekostet hätte, wenn man nicht schleunigst die beste und weiseste Errettungs Mittel ergriffen hätte; und darauf schildert er erst den zweiten Haupt-Ueberfall, von dem 28. Hornung, wo der Neckar völlig aufgieng, und die Eis-Ströme, leider! 39 Gebäude ganz einstürzten, 290 sehr ruinirten, und überhaupt, ohne einmahl die zerrissene und weggeflößte Brücke mitzurechnen, einen Schaden,

den, von wenigstens 95000 Gulden verursachten. ---

Von Mannheim handelt er vorzüglich S. 82-106. Diese Stadt war bei der Grösse der Gefahr sehr glücklich --- denn, gegen Heidelberg gerechnet, war die Beschädigung sehr klein, in dem nur von aussen die Gärten und das Feld, sammt den Dämmen und Hochstrassen zerstöret, und von innen nur einige Strassen überschwemmet wurden. Siehe daher: Herrn Pfarrer Raibels etwas zum Angedenken der rettenden Güte des Herrn der Natur, welche Mannheims Einwohner den 28 Hornung erfahren haben --- eine Predigt über Psalm 4. 6. 8. 9. nebst etlichen Gebeten und Liedern, die gewiß zu der Zeit fähig waren, fromme, edle und gute Gesinnungen und Empfindungen unter dem Volke auszubreiten! --- Von Frankenthal stehet etwas weniges S. 184-186 Die Stadt-Mauer und die Mauer am Kapuziner-Kloster wurden am meisten beschädiget.

Von einigen recht rührenden Begebenheiten in diesem traurigen Jahre --- wobei eines Theils manche Menschen fast wunderthätig errettet, und anderntheils zur Ehre der Menschheit, viele edle menschenfreundliche Handlungen ausgeübet worden --- wünschte ich, daß sie aus dieser Beschreibung ausgehoben, in einem guten Volkton erzählet, von einem Menschenfreund auf seine Kosten gedruckt, und dem armen pfälzischen Landmann umsonst mitgetheilet würden --- den diesem ist die Beschreibung schon zu theuer! ---

D) **Wunds** (Friedr. Pet.) Kurze Geschichte von dem Einflusse auf Handel und Landbau der französischen reformirten Gemeinden in der Pfalz. In den Bemerkungen der kurfälzischen physikalisch=Oekonomischen Gesellschaft vom Jahr 1780. S. 243-274.

Die Französische reformirte Gemeinden in den drei pfälzischen Hauptstädten sind zwar jezo von keiner grosen Bedeutung mehr. Die zu Mannheim und Frankenthal, bei deren Geschichte sich auch der Verfasser am längsten verweilet (dann von der zu Heidelberg sagt er weiter nichts S. 263. als daß sie auch von der zu Frankenthal abstamme,) sind nun beide sehr klein, und wenn an dem lezteren Ort sich nicht in den neueren Zeiten so viele fremde Fabrikanten niedergelassen hätten, so hätte sie sich vielleicht ganz unter der deutschen reformirten verlohren. Und das ware wohl auch wahrscheinlich die Ursache, warum in dieser Abhandlung mehr Rücksicht auf die ältere als neuere Geschichte dieser Gemeinden genommen worden.

Ich will --- (um nicht bei den Schriften über das Ober-Amt Germersheim und Lautern, als worinnen sich noch zwei französische reformirte Gemeinden, nemlich zu Otterberg und Billikam befinden, diese Abhandlung noch einmahl anzuführen) hier dieselbige kürzlich, nach ihrem ganzen Innhalt anzeigen, und zwar mit einigen Bemerkungen, welche, wie ich hoffe, diesen Gegenstand nicht allein in ein gröseres Licht sezen, sondern zugleich dazu dienen sollen, um hier und da den Verfasser zu berichtigen. Zu dem Ende sehe ich mich auch genöthiget, ihm auf dem Fuß nachzugehen.

Nachdem der Verfasser in dem Eingang etwas zu weitläuftig (S. 243-256) von der Gelegenheit geredet, welche ihm Anlas gegeben, diese kleine Abhandlung zu bearbeiten; so fängt er die Geschichte selbst damit an, daß er die sämtlichen französischen reformirten Gemeinden, welche zu verschiedenen Zeiten sich in Deutschland angepflanzet, klassifiziret, mit der Bemerkung, daß es von den Geschichtschreibern nicht wohl gethan seye, sie mit einander zu vermengen, indem sie eines gar verschiednen Karakters gewesen --- und sezet darauf drei Klassen vest: die **Wallonen**, welche, fürnemlich 1567, bei der drukenden Statthalterschaft des Herzogs von Alba, aus den Niederlanden angekommen; die eigentliche *Réfugiés*, die kurz vor, bei, und nach der Aufhebung des Ediktes von Nantes aus Frankreich flüchteten; und die Waldenser, aus den Piemontesischen Thälern, die zu Ende des 17. Jahrhunderts sich vorzüglich in dem Hessischen und Würtembergischen niedergelassen haben. Die pfälzische Gemeinden gehören, nach des Verfassers Behauptung, alle zu der ersten Klasse, nemlich zu den Wallonen. Und darinnen stimmet ihm bei, derjenige, welcher den kleinen Aufsaz in dem 2. Stück des Journals von und für Deutschland S. 124. 126. aufgesezet, unter dem Titel: die Wallonische Gemeinden in der Pfalz.

Die erste wallonische Gemeinde, welche nach seiner Meinung, die Mutter von allen andern, die sich in der Pfalz niedergelassen, ist die zu Frankenthal, und ihre Geschichte nimmt also auch billig den ersten Plaz ein, S. 257-264. Der Kurfurst Friedrich III. nahme sie auf, und ihre Privilegien sind enthalten in der mit Ihnen entrichteten Kapitulation vom 13. Junius 1562; und daß sie dieser Gnade würdig gewesen, bezeigten sie durch den Eifer, womit sie ihre neue Stadt empor zu bringen gesuchet --- durch die berühmte Sammet- Seide- und Tuch-Manufakturen, welche sie daselbst errichtet, und durch den von der Stadt bis in den Rhein angelegten Kanal, dadurch sie ihre Handlung nach den vereinigten Provinzen in den Niederlanden und nach Engelland so sehr beförderten. Der 30jährige Krieg zerstörte diese Gemeinde, und ihre ältere Geschichte kann man nach dem Verfasser am besten kennen lernen aus dem französischen Memoire, welches von Middelburg aus unter dem 6. Jun. 1778 der Holländischen Synode zu Tholen überreichet worden und das man nun auch in dem 2. Heft des pfälzischen Museums, unter dem Titel: Anzeige einer merkwürdigen Druckschrift in deutscher Sprache lesen kann.

Von der Wallonischen Gemeinde zu Mannheim, handelt der Verfasser S. 264-267. Weil die alten Kirchenbücher verlohren gegangen, und man also ihre Grösse und Ausbreitung nicht gewis bestimmen kann; so getrauet er sich nicht zu entscheiden, ob und wie viel sie in der Stadt zur Erhöhung des Commerciums und des Landwirthschaftlichen Zustandes beigetragen habe. Indessen ist doch nicht zu läugnen, daß sie, besonders zu den Zeiten des Kurfürsten Karl Ludwigs sehr blühend gewesen. Dann in dem Jahr 1666, vor dem Ausbruch der Pest, bestunde sie aus 432 Familien, und im Jahr 1668. zählte man bei der Communion 895 Communicanten, ohne einmal die Herrschaft und viele des Hofstaats mitzurechnen. Diese Gemeinde flüchtete bei der Verwüstung von Mannheim 1689 nach

Magdeburg, wo sie noch unter dem Titel bekannt ist: *l' Eglise reformée Wallone de Mannheim.*

Von der **Wallonischen Gemeinde zu Otterberg**, wird endlich eine kurze Geschichte entworfen, S. 267-273. --- Ihre Verdienste um die Landwirthschaft hat in einer besondern kleinen Abhandlung beschrieben, der sel. Kirchenrath Herzogenrath, (in den Bemerkungen der pfälz. ökon. Gesellschaft vom Jahr 1772) und daher handelt der Verfasser nur von dem durch sie in diese Stadt eingeführten Commercium; von ihren Strumpfwebereien-Tuch und Zeuch-Manufakturen, und den drei durch sie nahe bei der Stadt aufgerichteten Glashütten, die man seit 30 Jahren ungefehr, wegen dem zu befürchtenden Holzmangel erst einstellte. Noch jezt sind 13 Tuchmacher da, die mit ihrem Gewebe bei 400 Menschen ernähren, und zu der Kleidung der pfälzischen Truppen jährlich bei 14000 Ellen Tuch liefern --- obgleich übrigens die Gemeinde klein, und gar viele davon zu den deutschen übergegangen sind.

Die übrige wallonische Gemeinden hat der Verfasser, wie es scheinet, der nähern Betrachtung in Rücksicht auf Handlung und Landbau nicht werth geachtet, oder es hat ihm an Nachrichten von denselbigen gefehlet. Ich will nun melden, was ich bei dieſer ganzen kleinen Geſchichte zu erinnern habe. Es beſtehet in folgendem:

1) Die pfälziſche franzöſiſche Gemeinden gehören alle zu den Walloniſchen --- das iſt nicht zu läugnen; Aber um den Urſprung derſelbigen genauer kennen zu lernen, muß man doch bemerken, daß ſie aus ſehr verſchiednen Gegenden und zu ſehr verſchiednen Zeiten in die Pfalz gekommen --- und daß beinahe die Hälfte, nemlich alle die, welche zu Ende des 17ten Jahrhunderts ſich erſt darinnen niedergelaſſen, und von denen der Verfaſſer nichts gemeldet, doch zu den franzöſiſchen *Réfugiés*, in einem gewiſſen Sinn können gerechnet werden, indem ſie vor, bei und nach der Aufhebung des Ediktes von Nantes erſt aus den franzöſiſchen Niederlanden flüchteten, wie z. B. die zu Reilingen, und Friedrichsfeld, mit denen unter dem 10. October 1682, und unter dem 4. May 1685, zu den Zeiten des Kurfürſten Karls, und wie die zu Langenzell und Zillspach, mit denen unter dem 14. May 1685, und zwar unter dem erſten Katholiſchen Kurfürſten aus dem Hauſe Neuburg, Phillip Wilhelm, kapituliret wurde; --- und dieſe ſtammen dem zu Folge auch nicht von der walloniſchen Gemeinde zu Frankenthal her, wie der Verfaſſer behauptet, der dieſe zur fruchtbaren Mutter von allen an=

dern pfälzischen wallonischen Gemeinden macht, S. 263.

2) Das oben angeführte französische *Memoire*, an die Holländische Synode zu Tholen gerichtet, scheinet mir eben nicht die beste Quelle zu seyn, um genaue und ganz richtige Kenntnis von der älteren wallonischen Gemeinde zu Frankenthal daraus schöpfen zu können. Solche Aufsäze werden meist in der ersten Hize der Leidenschaft verfasset, besonders, wenn man glaubt, von einem wahren oder eingebildeten Gegner verfolget zu werden, und wie leicht urtheilet man nicht in einer solchen Lage etwas schief? nnd daß dieses auch hier geschehen seyn kann, ist mir glaubhaft, weil Herr Pfarrer Böhme (in dem 7. Heft des pfälzischen Museums. S. 689) wenigstens das ganze Publikum versichert, daß vieles darinn in einem ganz falschem Lichte vorgestellt worden.

3) Der Feldmark von Frankenthal ist nicht, wie der Verfasser in der Abhandlung S. 260 behauptet, in Absicht auf die Bürger Anzahl ganz unbeträchtlich, dann sie hatten, nach der General-Tabelle vom Jahr 1779, damahlen 1527 Morgen Aecker, 200 Morgen Wiesen, 54 Morgen Gärten und 745 Morgen Waid --- und also nach eben dieser Tabelle, die Wiesen ausgenommen, mehr als Mannheim, uud, ausser den

Weinbergen und Gärten, auch mehr als Heidelberg, und wie viel weniger, gegen beide Städte gerechnet, Bürger.

4) Der Flor der ersten Wallonen zu Otterberg beruhte fürnemlich auf der von dem Verfasser angezogenen, und zwischen Ihnen und dem Pfalz-Graf Kasimir, unter dem 15. Junius 1579. aufgerichteten Kapitulation. Dieselbige liegt noch, auf sieben Pergament-Blättern ganz enge geschrieben, auf ihrem Rathhaus, und enthält, nach einer gerichtlichen Abschrift, alle die grose und schäzbare Freiheiten, die sie zu ihrem besten Aufkommen erhalten. Dann sie empfiengen nach derselbigen völliges freies Religions-Exercitium, die Kirche samt dem Kloster, allen damit verbundenen Gebäuden und sehr vielen Gütern, unter den billigsten Bedingungen --- so wie sie selbst noch jezo einige von diesen Vortheilen geniessen.

5) Die Wallonische Gemeinde zu Billikam, war nicht, wie oben schon bemerket worden, nach der Meinung des Verfassers, eine Tochter von der zu Frankenthal; sondern eine Gemeinde, die viel später, erst zu Ende des 17. Jahrhunderts in die Pfalz kame, und ist in Rücksicht auf den durch sie in der Gegend eingeführten Feldbau so merkwürdig, daß sie wohl in seiner kurzen Geschichte noch einen besondern Plaz verdienet

hätte. Diese Kolonisten, welche aus der Landschaft *L'alloeuve*, längst an den südlichen Ufern der Leye, an den Gränzen von Artois herstammten, (siehe G. *Blauws* Theatrum Orbis Amst. 1631. auf der Charte unter dem Titel: Novus XVIII. inferioris Germaniæ provinciarum Typus) erhielten ihre Privilegien unter der Regierung des Kurfürsten Karl Ludwigs nach der gedruckten sehr seltnen Acte: *Conceſſion* donné aux nouveaux-venus du Païs de L'alloeuve, inprimée á Heidelberg, par Agide Walter. l' Année 1664. Sie konnten nach denselbigen nicht allein in der Stadt, sondern in dem ganzen Amt, nemlich in den 6 dazugehörigen Dörfern sich niederlassen --- zu Rohrbach, Steinweiler, Erlenbach, Impflingen, Klingen und Archenweyer --- und waren dabei von gar vielen, andren Unterthanen obliegenden, Lasten befreiet. Sie hatten ihren eignen aus ihrer Mitte erwählten Rath, und Prediger und Schullehrer, denen die Besoldung aus den Gütern der geistlichen Verwaltung gereichet wurde, und konnten in den ersten 20 Jahren ohne die Abgabe des 10ten Pfennigs wieder abziehen. Die erste 3 Jahre waren sie auch frei von der Schazung, dem Zoll und allen andren Auflagen, und wenn auch ihre Anzahl bis auf 1000 Familien sich beliefe. --- Die Industrie bei dem Landbau, dadurch sie sich fürnemlich auszeichneten, ruhet noch auf ihren Nachkömmlingen, beſonders in der Stadt Billikam, wo die Landwirthſchaft in der Blüthe, und ſehr ſtark die Handlungs-Gewächſe, Rebs, Flachs und Hanf gezogen, und ein beträchtlicher Handel damit nach Straßburg, die Schweiz und in die rheiniſche Gegenden von Worms, Oppenheim und Kreuznach getrieben wird.

Viertes Kapitel.
Von den drei Haupt=Städten insbesondere.

§. I.
Von der Residenz=Stadt Mannheim.

A.
Von der Geschichte dieser Stadt.

a) FABRICII (Seobaldi) Hiſtoriarum Profeſſoris publici, *Mannhemium & Lutrea Cæſarea, ſive de utriusque Urbis Originibus, incrementis & inſtauratione nova, Diſſertationes hiſtorico-politicæ.* Heid. 1654. 4.

Der Verfaſſer war ein Bruder des, zu den Zeiten des Kurfürſten Karl Ludwigs rühmlichſt bekannten pfälziſchen Gottesgelehrten, deſſen Leben Heiddeger genau beſchrieben hat; Er hat es den Schriften angehängt, die er von dieſem Jo. Lud. Fabricius heraus gegeben: *Tiguri* 1698. 4.

Seobald war, nach dem Jöcher, gebohren zu Speier 1622 und alſo 10 Jahre älter als Ludewig; Er ſoll (auch nach dem Jöcher) Profeſſor der Geſchichte zu Köln geweſen ſeyn, ehe er dieſes Amt zu Heidelberg angetreten, welches mir aber unwarſcheinlich zu seyn dünket, und unter andren Gründen deswegen, weil Heidegger, in dem Leben seines Bruders, S. 14 nur sagt, daß er daselbst einige Zeit einem gewissen geheimen Geschäfte obgelegen, und zwar ohne zu bestimmen, worinnen dasselbige bestünde. Uebrigens war er in der Geschichte und Litteratur wohl bewandert, wie auch sein C. Julius Caesar numismaticus, Londini. 16-8. 8. beweiset. Von seinen Schriften überhaupt handelt, *Joh. Alb. Fabricius*, in *Centuria Fabriciorum* S. 15. Die Vaterländische Geschichte war seine Lieblings-Wissenschaft, und davon hat er verschiedene schätzbare Denkmale hinterlassen, welche sämtlich an ihrem Ort in tieser Bibliothek angezeiget werden. Sie sind, was die Sprache anget, auch mit Geschmack bearbeitet, nur ist zu bedauern, daß er nicht allezeit aus den besten Quellen geschöpfet, und also aus alten unzuverlässigen Chroniken uns manche Nachricht als gewiß angegeben, die eben nicht weniger als gewiß ist, und nach den Regeln einer strengeren Kritik ganz die Glaubwürdigkeit verliehret. Ein Beispiel davon stehet in Herrn Andreä *Lutrea Cæsarea.* S. 15. §. 15. Die Dissertation von Mannheim, welche wahrscheinlich eine von seinen ersten Akademischen Arbeiten zu Heidelberg gewesen, hatte, nach einem von Herrn Magister Naumann aufgesezten Verzeichnis seiner Schriften, das ich in der Handschrift befize, folgenden besondren Titel: *Mannhemium, seu de Originibus Mannhemii, interspersa Dissertatione de Lobdengavia Palatinatus Rhenensi, Ripuaria, & Brukteria palatina.* Heidelb. 4. 1646. Diese Jahrzahl ist unrichtig, weil Fabricius, nach der Lebens-Beschreibung seines Bruder Ludwigs erst im Jahr 1649 als öffentlicher Lehrer der Geschichte nach Heidelberg berufen worden --- und Joannis behauptet in seiner Vorrede überhaupt, daß diese Dissertation nicht besonders gedruckt worden. Sonst gehöret der Verfasser zu denen, welche mit Freher in seinen Orginibus palatinis, nach der Reinhardischen Ausgabe S. 385--387. die Stadt Mannheim sehr alt machen, indem er in der 5. Abtheilung S. 13 sagt: *Theodertus* inter Alios et *Sigebertus* Reges, jure hæreditario tractum lobodunensem, & in illo Mannhemium possidebant, quod quidem A. C. 940. ab Hunnis Sclavisque solo æquatum fuit, unde colligere licet, sub Francico Sceptro amplam & ingentem urbem exititisse. In den ältesten Urkunden, vom Jahr 765. heißt es in dem Gegentheil ein Dorf *Villa Mannenheim.* Siehe Acta Acad. Pal. Tom. I. S. 223. §. 5. in der Beschreibung des Fränkischen Lobdengaues, unter den Oertern zur rechten Seite des Neckers gelegen.

b) Die noch neue, erſt in dieſem Seculo, im Jahr 1606. von Churfürſt Friedrich IV. Pfalzgrafen bei Rhein, erbaute Stadt Mannheim und anſehnliches Cidatell Friedrichsburg, liegende an der Spizen, wo der Rhein und Neckar zuſammen flieſſen, denen auch gleich auſſerhalb des Cidatells am Rhein anhängt, das feſte Schloß Aichelsheim, dero Urſprung, Wachsthum, Beſchaffenheit und dermalige Uebergebung an die Franzoſen, dem curioſen Leſer hiſtoriſch und in Kupfer vorgeſtellt. Gedruckt zu Augſpurg 1688.

Ich kann nicht ſagen, in welchem Format dieſe Schrift Gedruckt worden, noch viel weniger von ihrem innrem Werth urtheilen. Der Tittel (welcher ganz das Gepräg des vorigen Jahrhunderts an ſich hat) ſtehet ſo, wie ich ihn gemeldet, in Herrn Conſiſtorial-Raths Liſt Geſchichte der Evangeliſch-Lutheriſchen Gemeinde zu Mannheim, im 1. Th. S. 51. und wenn ſie dem Gehalte nach nicht viel werth, ſo dienet ſie zum Beweis, daß man in der Geſchichte oft eine ſonſt unbedeutende Schrift, einer einzigen kleinen Nachricht wegen, die ſonſt vielleicht nirgends zu finden, doch wohl gebrauchen kann, ſo wie Herr Liſt hiermit gethan hat.

c) PLETSCHII (Joh. Jacobi) *Oratio, de Originibus & Fatis Mannhemii.* Mannh. 1727. 4. 21 Seiten.

Der Verfasser war zu der Zeit reformirter Rektor bei der lateinischen Schule zu Mannheim, und einer seiner Schüler, Nahmens, **Abraham Mezger**, hielte diese Rede bei der Frühlings-Promotion in dem Jahr 1727. Sie hat eigentlich, nach S. 2, drei Abtheilungen, indem sie nicht allein von dem **Ursprung** und den **Schicksalen** der Stadt handelt, sondern auch, und zwar vorzüglich, die Verdienste des Kurfürsten **Karl Phillipps** um dieselbige, öffentlich rühmt. Die bekannte Stelle des *Ammianus Marcellinus*, Libr. 28. Cap. 2. nach welcher schon der Kaiser Valentinianus eine veste Burg und Schloß in dieser Gegend aufgerichtet, und darunter viele, wie z. B. *Freher*, *Fabricius* und *Mieg*, (in der Vorrede zu der Einweihungs-Predigt der reformirten Mannheimer hoch-deutschen Kirche vom Jahr 1717.) die Stadt Mannheim verstehen, deutet er auf das Schloß **Eichelsheim**, daß in der Nähe der Stadt gestanden, --- Ob er gleich sonst auch mit den oben angeführten Autoren annimmt, daß die Stadt zu der Zeit der Franken sehr groß und ansehnlich gewesen. Jedoch bei einer eigentlichen panegyrischen Rede ist so etwas leicht zu übersehen, besonders von jenen Zeiten her, in welchen man nicht glaubte etwas wahrhaftig gerühmet und erhoben zu haben, wenn man nicht zugleich behauptete, daß es sehr alt seye.

b) Stad

d) Stadt (Philipp Wilhelm Ludwig) Probe und Muster pfälzischer Alterthümer, oder die von Altersher stark bevölkerte Pfalz, bei Gelegenheit der theils beschehenen; theils bevorstehenden pfälzischen Lands=Huldigung wie überhaupt; so insonderheit der heutigen pfälzischen Residenzstadt Mannheim. Anfangs zu einiger Nachricht, vom Alter und ersten wahren Ursprung dieser nunmehro berühmten Hauptstadt der Chur-Pfalz beschrieben, jezo aber denen Liebhabern dergleichen Schriften zu gefallen herausgegeben. Heilbronn, verlegts Paul Straub Buchhändler allda. 1744. 4. 44 Seit.

Die Schriften des noch lebenden Herrn Verfassers, der jezt Kurpfälzischer Regierungsrath, Director des reformirten Kirchenraths zu Heidelberg und Mitglied der Academie der Wissenschaften zu Mannheim, sind sehr selten.

In dieser Abhandlung handelt er gröstentheils von Mannheim, und bemühet sich, vorzüglich, zu beweisen, daß die Stadt schon zu der Römer Zeiten erbauet, und nicht weniger unter den Franken berühmt gewesen, und tritt also völlig den übrigen älteren pfälzischen Geschichtschreibern, Freher nemlich und den andren schon oben angeführten bei; und man muß gestehen, daß alle nur mögliche Gründe, um diesen Saz zu bestätigen, angeführet worden, und daß der Herr Verfaſſer, wenigſtens durch dieſe Abhandlung unwiderſprechlich bewieſen, daß dieſe rheiniſche Gegenden, wenigſtens damals ſchon zum Aufenthalt der Römer gedienet, als woran noch viele zweifelten, ehe man die unterirrdiſche Denkmäler entdecket, welche dieſes ohnehin außer allen Zweifel ſezen. (Siehe Acta Acad. Palat. T. I. S. 193. T. II. S. 107. T. III. S. 213). Was das Alter der Stadt Mannheim ſelbſt betrift, und ihren eigentlichen Urſprung als Stadt; ſo würde der Herr Verfaſſer, der ſo unermüdet iſt, bei der Bearbeitung der vaterländiſchen Geſchichte gewis andrer Meinung ſeyn, wenn er nun --- 40 Jahre ſpäter --- über dieſen Gegenſtand ſchreiben ſollte: nun da die alte Urkunden näher entdeckt, welche beſtimmt das Gegentheil zeigen, und nach denen Herr Hofrath **Lamei** ſagt: *Loboduna* (Ladeburg) *locus hujus Tractus* (pagi Lobodunenſis) *primarius fuit, Heidelberga Civitas cum nondum in rerum Natura, Mannhemiumque dum villa aut Vicus eſſet ignobilis.* (Acta Acad. Pal. Tom. I. S. 217. §. 2.)

Seite 2 und 3. in der Note unter dem Buchſtaben c. redet der Herr Verfaſſer von den verſchiedenen Ausgaben von des *Freheri* Originibus, und ziehet nur zwei an, nemlich die erſte von 1599 in 4, und die zweite, von 1613 in Folio. Warum ſtehet aber zugleich dabei die Jahrzahl: 1612, als wenn in diesem Jahr auch eine besondre Ausgabe erschienen wäre? Ich finde überhaupt, daß diese Ausgaben von Freher sehr verschieden angezogen werden. Joannis sagt in seiner bekannten Vorrede: die erste Ausgabe von 1599 seye in Folio herausgegeben worden; ich bin ihm aber darinnen nicht gefolgt, weil ich selbst von diesem Jahr ein Exemplar in 4. besitze; und von Reinhard sezet, in der Vorrede zu seiner Ausgabe, die lezte auf das Jahr 1681, und Joannis hingegen, dem ich nachgeschrieben, auf das Jahr 1686. Wer nun darinnen Recht hat, kann ich nicht entscheiden, weil diese Ausgabe selbst nie gesehen habe.

e) KEUCHENII (Roberti) ICti, *Mannhemium Palatina, sive de Origine, Incremento, Robore & Gloria Mannhemii, Romanæ, Cæsareæ, Franciæ, Palatinæ ac Electoralis Panegyris, ad serenissimum ac potentissimum Principem Carolum Ludovicum, Comitem palatinum ad Rhenum. S. R. J. Electorem ac Archi-Thesaurarium oblata, in Genethliaco Electorali LII. ad XXII. Decemb. Anno MD,C.LXIX. Mannhemii, 1761.*

Der alte Herr Ehegerichts-Direktor Mieg in Heidelberg hat diese Schrift, so wie noch mehrere von der Art, aus der Handschrift 1761 herausgegeben. In wie weit sie in Rücksicht auf die Geschichte merkwürdig, erkläret der Titel. Von dem Verfasser selbst aber findet man die beste Nachricht in der schäzbaren auch seltnen Abhandlung des Herrn Regierungsrath Sladts, *de Statu litterario & Eruditis, qui in Electorali palatinatu per tria fere secula floruerunt.* Heid. 1761. 4. §. 30. S. 36. 37. Daselbst werden die Schriften angezeigt, die der Verfasser herausgegeben, und die sämtlich beweisen, daß er in der Philologie wohl erfahren, und ein besondrer Liebhaber der Dichtkunst gewesen --- und diese Nachricht ist desto schäzbarer, weil man in den bekannten litterarischen Nachrichten von den Gelehrten der damaligen Zeit wenig von ihm findet; wenigstens nur die Anzeige von einzelnen von ihm herausgegebenen Schriften, die doch hier --- aus guten Quellen --- zusammen angeführet werden.

f) **Merkwürdigkeiten von dem älteren Mannheim.** In dem 6ten Hefte des pfälzischen Museums vom Jahr 1784. S. 560 - 571.

Der ganze Aufsaz ist nach dem eignen Bekenntnis des unbekannten Verfassers, S. 571 in einer Note, ein Auszug von der oben S. 113. angeführten Schrift des Herrn Regierungsrath Sladt, unter dem Titel: **Probe und Muster pfälzischer Alterthümer,** 1744, und ich habe auch nicht mehr und nicht weniger darinnen gefunden: und das Verdienst soll, nach dem Urtheil des Herausgebers des pfälzischen Museums S. 560 in einer etwas gereinigteren Schreibart bestehen.

B.

Physicalisch-Oeconomische Schriften von der Stadt Mannheim.

1) **Pastoir** (Friedrich) Churpfalz. Regierungsrath und Land-vice Canzlers unterthänigste Anmerkung und Vorstellung woher sowohl insgemein alle teutsche heutiges Tages kränklicher und schwächlicher wie vor diesem, und vor alten Zeiten; als auch und insonderheit: Aus was Ursachen, die zwischen dem Rhein- und Nekarstrohm, in denen Churfürstlichen Stadt und Vestung Friedrichsburg wohnende so deutsche als übrige allerhand Nation Leute, mehreren Krankheiten, als andre unterworfen, und wie etwa darinnen zu remediren und zu helfen. Mannheim gedruckt in der Churfürstlichen Hof-Buchdruckerey. 1761. 4. 23 Seiten.

Das Leben des Verfassers hat in einer gedrängten edlen Kürze ziemlich umständlich beschrieben, Herr Professor Croll in dem *Commentario de Cancellariis & Procancellariis Bipontinis* S. 138-146. Er war gebohren zu Mez, den 22. Decemb. 1635.

Dann dahin muſte ſein Vater in jenen trüben Zeiten mit ſeinem Herrn, dem Herzog Johannes II. von Zweibrücken flüchten. Und nachdem er auf dem Gymnaſio zu Neuſtadt an der Hardt, einen guten Grund zu ſeinen Studiis geleget, und auf den Akademien, zu Herborn, Strasburg und Heidelberg dieſelbige vollendete, ſo kame er in die Dienſte des Pfalzgrafen Friedrich Ludwigs, der ihn bei dem Antritt ſeiner Regierung über das Herzogthum Zweibrücken, vom Jahr 1661 an, bei den wichtigſten Geſandſchaften brauchte, und deswegen auch ungern im Jahr 1680 dem Churfürſten Karl Ludwig von der Pfalz überlieſſe. Dieſer machte ihn zum Regierungsrath und Land-Vice-Kanzler, kurz zuvor, ehe er dieſes Gutachten aufgeſezet, welches der alte Herr Ehegerichts-Direktor Mieg aus einer Handſchrift, erſt 1761 dem Druck übergeben hat. Die veraltete Schreibart, worinnen es aufgeſezet iſt, kann man aus dem weitläufigen Titel erkennen, und wenn es zu unſern Zeiten aufgeſezet worden wäre, ſo würden auch ohne Zweifel beſſere medicinische Gründe darinnen angebracht worden ſeyn. Indeſſen ſind doch Bemerkungen dabei, die gewis würdig waren, zu der Zeit vorzüglich, beherziget zu werden.

In dem erſten Abſchnitt, S. 1-11 wird die Frage entwickelt: warum die alte Deutschen überhaupt eine dauerhaftere Gesundheit genossen, als ihre Nachkommen? Der Verfasser behauptet, daß die bei den alten gewöhnliche Erziehung der Jugend, und die unter ihnen eingeführte und weit einfachere und von aller Weichlichkeit entfernte Lebens-Art, der fürnehmste Grund davon seye. Und diese Meinung bestätiget er, theils aus den besten Klassischen Schriftstellern, die uns einige Nachrichten von den alten Deutschen hinterlassen, dem *Tacitus*, *Julius Cäsar*, *Pomponius Mela*, und *Strabo*; theils aus den Sitten und der Lebens-Art der jezigen Deutschen, die jener ganz entgegen gesezet ist, und nothwendig eine schwächlichere Leibesbeschaffenheit nach sich ziehen muß. Und sind das nicht die nemlichen Gründe, warum die neuere Pädagogen, von Locke bis auf Basedow mit so viel Wärme angerathen, bei der Erziehung wieder den Weg der Alten einzuschlagen, um eben dadurch für eine gesundere, männliche und dauerhafte Nachkommenschaft zu sorgen? In der zweiten Abtheilung S. 12-19. führet der Verfasser 12 Ursachen an, die nach seiner Meinung den Grund in sich fassen, warum die Innwohner in der Vestung und der Stadt Mannheim gröserer Gefahr krank zu werden ausgesezet seyn, als an andren benachbarten Orten --- und so unbeträchtlich etliche davon sind, so wichtig waren doch gewis auch einige zu jener Zeit:

z. B. der Mangel an schönen fruchtbaren Gärten um die Stadt und Vestung her, als wo dazumahlen nur dürre unfruchtbare Haiden gewesen, welche freilich zur Reinigung und Erfrischung der Luft wenig beitragen konnten --- die unterlassene Säuberung der Brunnen von unreinem Wasser --- der Strassen von allzuhäufigen Koth, und der Kandlen, von dem der Fäulung so leicht ausgesezten Unrath, und was dergleichen mehr! Der Anhang S. 20-23. enthält ein schäzbares Denkmal von den Geistes-Fähigkeiten, und der Regierungs-Art des Kurfürsten Karl Ludwigs, der den andern Tag, nemlich den 13. August seine Entschliessung über dieses Gutachten auffezte, zu jedem Artickel seine eigne Bemerkung hinzufügte, das, was ihm unrichtig zu seyn schien, wiederlegte, und das, was er billigte, in Vollziehung zu bringen befohlen hatte --- denn weil der Vice-Canzler auch die Mittel, wie diesem oder jenem Uebel abzuhelfen wäre, berührte; so gab er ihm auch die Vollmacht seinen desfalls entworfenen Plan der Regierung vorzulegen, und mit Rücksicht auf die von dem Kurfürsten dazu gemachte Bemerkungen, auf dessen bestmögliche Ausübung bedacht zu seyn.

2) **Von dem Bevölkerungsstand in Churpfalz, vorzüglich in Mannheim.** Frankf. und Leipz. 1769. 8. 152 Seiten.

Diese Abhandlung wird von dem Verfasser der Betrachtungen über die neuesten historischen Schriften, (2. Band. 2. Abschnitt. S. 296.) mit allen Recht als ein vortreflicher Beitrag zur politischen Rechen-Kunst angepriessen; sie ist aber gewis auch in einer andern Rücksicht merkwürdig, dann der Verf. war der erste, der das pfälzische Publikum auf einen so wichtigen Gegenstand aufmerksam gemacht hat, obgleich in den ganz neueren Zeiten Schriften erschienen, worinnen derselbige noch näher erörtert wird.

Wenn man seinen aufgestellten Säzen in der Ordnung, in welcher sie auf einander folgen, nachgehet; so findet man, daß er sich zuerst bemühet, die Ursachen zu entdecken, warum die Pfalz am Rhein in ihrer so gesegneten Lage nicht so stark bevölkert seye, als man billig vermuthen sollte; und darauf schlägt er erst die Mittel vor, welche, wenn man sie erwählte, diesem Uebel am besten, nach seinen Gedanken abhelfen könnten.

Unter die hauptsächlichste Ursachen rechnet er (S. 1 - 22) gewisse falsche Grundsäze und Vorurtheile, denen man allzusehr ergeben ist, als z. B. daß man gleich befürchtet, wenn man viele Bürger annimt, das Land zu übersezen, und daß man glaubt, die Armen seyen dem Staat schädlich, und man müſſe alſo davon das Land reinigen: und eben ſo ſchädlich ſind, nach ſeiner Meinung, ſolche Vorurtheile, z. B. die immer noch herrſchende ſchreckliche Handwerks-Misbräuche, bei der Aufnahme in die Zünften, und der falſche Religionseifer, womit man die Abſtellung der überflüſſigen Feiertägen zu hindern ſuchet.

Es kann ſeyn, daß dieſe Bemerkungen nun manchem eben nicht neu und wichtig genug zu ſeyn ſcheinen; Aber waren ſie es nicht in dem Jahr 1769, wo man es an gar vielen Oertern noch für ein Verbrechen hielte, von Gegenſtänden von der Art ſo frei zu reden?

In dem 2ten Abſchnitt, (S. 23--56) nähert er ſich ſeinem Gegenſtande noch mehr, und entwickelt die Gründe, warum die pfälziſche Dörfer nicht ſo ſtark bevölkert, als ſie doch billig ſeyn könnten? Er findet ſie vorzüglich in dem ehloſen Leben der Soldaten, als welche dieſen Dörfern den Kern der beſten, und zur Bevölkerung am tauglichſten jungen Mannſchaft rauben --- und in den alten ſchädlichen Vorurtheilen bei der Landwirthſchaft, z. B. den allzugroſſen Gemarkungen, den hier und da noch zu überflüſſigen Waldungen, und den vielen geiſtlichen Gütern, welche zuſammengenommen, freilich verurſachen, daß der Feld-Bau in der Pfalz lange nicht so viel Menschen ernähren kann, als er, ohne dies alles, ernähren und beschäftigen könnte; und darunter leidet auch (nach S. 51-53) sehr viel die Bevölkerung von den pfälzischen Land- oder Ober- und Unter-Amtsstädten, besonders weil wohl da am meisten, die schon oben angeführte falsche Grundsäze, man müsse sie nicht übersezen, noch herrschend sind.

Der 3te Abschnitt (S. 54-90) ist ganz den Beobachtungen über den Bevölkerungs-Zustand der Stadt Mannheim, von 1712-1765 gewidmet; und hier behauptet der Verfasser, daß die erschwerte Burger-Annahme, die schon oben getadelte schändliche Handwerks-Misbräuche, und die noch nicht erlernte Kunst, wohlhabenden und reichen Bürgern ihren Stand angenehm und erträglich zu machen, die fürnehmste Ursache seye, warum die Stadt in diesen Jahren mehr ab als zugenommen; --- und schlägt verschiedne Mittel vor, diesem Uebel überhaupt zu steuren. In Mannheim nemlich, sollen die Werkstädte des Luxus für die benachbarte Reichsstädte und kleine Höfe aufgerichtet werden, damit die Stadt durch diesen Handlungs-Zweig sich erhöhe und vermehre; Die Soldaten sollen ohne Unterschied heurathen, und die Zünfte, ohne Einschränkung und grose Kosten des Bürgerrechts, ſich mehr ausbreiten --- und auf dem Lande ſollen die Beamten mehrere Dörfer anlegen, die Gemarkungen kleiner und zur Bearbeitung bequemer gemacht, und die Waldungen, in verſchiedenen Gegenden, z. B. in dem Oberamt Lautern, gegen Morgen und Mittag ausgerottet werden; --- Bei der ganzen Abhandlung ſind hier und da Bemerkungen eingeſtreuet, welche gewis verurſachet, daß man ſie mit deſto gröſſerem Vergnügen geleſen; als z. B. die von den Geſezen und dem Werth des Luxus, von der Intolleranz und dergleichen mehr; Aber bei dem lezteren, nemlich der Intolleranz, haben gewis viele Leſer gewünſchet, daß der Scharfſinnige Verfaſſer etwas mehr in Beziehung auf die Pfalz davon geredet, und die Quellen woraus ſie hier entſpringe, beſtimmter angegeben hätte.

Bei denen, dem Werkchen angehängten, Tabellen erinnert der Berliner Rezenſent, daß es zu bedauren, daß die Schrift ſelbſt eher geſchrieben, als dieſe Tabellen alle angezogen geweſen wären; indem dadurch der Verfaſſer genöthiget worden, manches zu wiederrufen, was er zuvor feſtgeſezt hatte. Aber iſt es nicht Lob's genug für ihn, daß er eben dieſes, in dem kurzen Vorbericht für den Tabellen, auf eine eben ſo offne als gründliche Weiſe gethan? und iſt uns das nicht auch Bürge dafür, daß er bei einer allenfalls neu zu bearbeiteten Ausgabe ſelbſt auch

Rückſicht auf das noch wichtigere nehmen wird, was dieſer Rezenſent bei dieſer Abhandlung ſonſt bemerket hat? --- Doch da die Bevölkerung in der Pfalz nun ſeit einigen Jahren mehr zu als abgenommen, und da Mannheim ſelbſt, ohnerachtet der Entfernung des Hofes, nach den neueſten General=Tabellen wenigſtens, darüber zu klagen nicht Urſache hat; So wird er wohl an dieſe Arbeit nicht gedenken, und ſich damit befriedigen, daß er mit andern patriotiſchen Schriftſtellern über dieſen Gegenſtand, einen Theil ſeiner Wünſche erreichet hat! --- Den wenigſten Beifall wird er wohl finden, bei der am Ende S. 149 aufgeſtellten und erörterten Frage: **Ob Mannheim eine geſunde, oder ungeſunde Stadt ſeye?** Er behauptet das erſtere mit vieler Wärme, und beweiſet es vorzüglich aus der angenehmen Lage zwiſchen zwei mächtigen Flüſſen, aus den vielen Waſſer=Bauen, welche dieſe Flüſſe in Schranken halten --- aus den Policei=Anſtalten, wodurch die Moräſte auſſer der Stadt ausgetrocknet worden --- aus den breiten und regelmäſſigen Straſſen, welche keine ungeſunde Dünſte und andre Ungemächlichkeiten groſer Städte zulaſſen --- und endlich aus dem Waſſer, das aus einem reinen Sand hervor komme, welcher es gleichſam filtrire, und vortreflich mache. Von der Luft und dem **Waſſer** meldet **Weſtenrieder** in der Erdbeſchreibung der baie-

risch=Pfälzischen Staaten grad das Gegen=
theil, und alle diese Säze des Verfassers
werden auch sehr beschränket in folgender
Abhandlung.

3) Colini (Cosmus) *Description phy-
sique & Occonomique de la ville de Mannheim.*
in Actis Acad. Pal. Tom. I. S. 440. ꝛc.

Eine sehr genaue Beschreibung von der
Lage der Stadt Mannheim, von ihrer Be=
völkerung zu verschiedenen Zeiten, von der
Natur ihrer Luft und ihres Wassers, von
der Beschaffenheit ihrer Gewächsen und dem
Zustand ihrer Handlung. Sie wiederspricht
in verschiedenen Stücken der vorhergehen=
den Abhandlung, und, um beide desto rich=
tiger beurtheilen zu können, wird es also
wohl nothwendig seyn, sie --- auszugsweise ---
nach allen so eben berührten Punkten, wel=
che sie ausführlich behandelt, zu erwegen.
a) Bei der Lage der Stadt siehet der Ver=
fasser zuerst auf die Gegend welche sie von
aussen umgiebt, und dann auf ihre innre
Beschaffenheit. Die Gegend ist angenehm,
indem die Stadt gegen Morgen den Necker,
und gegen Abend den Rhein ganz nahe an
ihren Vestungs=Werkern liegen hat, und
auf den beiden andren Seiten von den be=
sten Fruchtfeldern umgeben wird --- über=
haupt in einer völligen Ebene sich befindet,
und mit seinem Feldmarkt auf 3000 Mor=

gen, an die beide vortrefliche Ober-Aemter Neustadt und Heidelberg gränzet; und die innere Beschaffenheit der Stadt ist dieser schönen Lage völlig angemessen. Ihre Gestalt ist ovalrund, und nach den Krümmungen des Walls gerechnet, mag sie ungefähr 2000 Ruthen in dem Umfang haben --- und ihre Strassen sind reinlich und breit, in 107 Quartiere eingetheilet, worinnen 1548 Häuser, und darunter (das prächtige Residenz-Schlos nicht einmahl mitgerechnet) sich sehr viele Ansehnliche Gebäude befinden. b) Die Bevölkerung kann man am besten kennen lernen, wenn man sie stufenweis betrachtet --- von der ersten Entstehung der Stadt an, bis auf die jezige Zeit, und dabei die Tabellen zu Rath ziehet. In dem Anfang des 17. Jahrhunderts waren 11 bis 1200 Menschen darinnen, ohne die Garnison, welche in der Vestung Friedrichsburg lag; in dem Jahr 1663, 3000; vor dem Ausbruch des Orleanischen Krieges, 11 bis 12000. Nach diesem Krieg, --- im Jahr 1721, wo die Stadt schon zur Kurfürstlichen Residenz erhoben ward, 8600 --- und in dem Jahr 1766, 24190; vergleichet man damit die Geburts- und Todten-Listen, so kann man überhaupt daraus schliessen, daß sich die Stadt seit 40 Jahren nicht vermehret habe, und welches ist wohl die Ursache davon? Der Verfasser findet sie mit dem Verfasser des vorhergehenden Aufsazes fürnemlich dainnen, daß die Verehligungen zu selten, in dem von 67 Personen jährlich nur eine in die Ehe tritt, und dieses schreibet er dem herrschenden Luxus, und der Menge von ehlosen Bedienten und Soldaten zu; doch glaubet er zugleich, daß die Stadt nach ihrer Lage und Grösse sich nun wohl nicht stark mehr bevölkern könne, indem sie, da sie keine grosse Handlungsstadt, besezt genug seye, und wenig Stellen mehr ledig habe, für diejenige, die da allenfalls sich von neuem niederlassen und verehligen wollten; und darinnen scheinet er eben ganz andre Grundsäze zu haben, als der vorhergehende Verfasser, der Mannheim gerne zu einem kleinen Paris umbilden, und es für die Handlung mit Galanterie-Waaren vorzüglich für die ganze Gegend höchst intressand machen zu können behauptet. Herr Colini ldugnet dieses aber, weil ihm die Stadt in gar vieler Absicht kein Standpunkt für die Handlung zu seyn scheinet, weil die Städte Frankfurt, Nürnberg und Strasburg zu nahe --- die Wege, welche, ausser dem über Mannheim, zu diesen Städten führen, zu bequem, und die Fabriken in der Stadt selbst noch nicht wichtig genug, um sie zur grosen Handlungs-Stadt zu machen. Aber könnte das leztere nicht noch in der Zukunft geschehen? Ich glaube gewis, wenn auf alles das Rücksicht genommen würde, was der Berliner Rezensent in der oben angeführten Stelle bemerket. c) Mannheim hat, nach dem Verfasser ein Temperirtes Klima, und überhaupt eine gesunde Luft; Es liegt in einer weiten Tiefe, welche gegen Abend von Bergen begrenzet ist, die es vor den allzufeuchten Winden schüzen, und von eben solchen Bergen wird es auch von Morgen her bedecket, und ist also nicht dem Schaden einer allzugrosen Dürre ausgesezet. Aber bey allem dem kann man die Frage aufwerfen: Ob nicht besondre Umstände diese Stadt ungesund machen können und würklich machen? Die vier Kirchhöfe, worauf jährlich bei 841 Menschen begraben werden, liegen in dem Bezirk der Stadt, und können, da sie durch die höhe des Walls bedeckt sind, ihre Ausdünstungen nicht wohl anders wohin als gegen die Stadt zu führen; das stillstehende Wasser in den Stadtgräben ist mit sehr vielen Theilen angefüllt, welche leicht zur Fäulnis übergehen --- die öftere Ueberschwemmungen von dem Rhein und dem Neker lassen einen Schleim zurück, der bei einer darauf folgenden Hize auch leicht die Luft mit unreinen Dünsten anfüllt --- und das gemeine Trinkwasser ist ganz von der Art, daß es gewiß ungesund, wenn es häufig getrunken wird; die Gewächse, welche in den Gärten um die Stadt her wachsen, sind lange nicht von der Güte --- selbst das Obst --- als jene welche in der Nachbarschaft wachsen;

J

und sollte das, zusammen genommen, nicht es mit Verursachen, daß jährlich mehr sterben als gebohren werden, und daß die Sterbregister, besonders in den neueren Zeiten immer gröser als die Geburts=Listen, sind ins dem von 27 Personen des Jahrs eine stirbt --- mehr also als in Berlin, wo, nach dem Süsmilch sich die Sterblichkeit verhält wie zu 28? Der Verfasser entscheidet darinnen freilich nicht, aber er legt es doch so klar hin, daß es jeden unpartheiischen Leser aufmersam machen muß; und bei etlichen von diesen berührten Umständen pflichtet ihm auch Herr Hofrath May bei, in seinen bekannten schönen Briefen über die Heil=Kunde.

Am Ende der Abhandlung stehen die Tabellen, woraus der Verfasser seine sämtliche Schlüsse gezogen, ob er gleich in der Abhandlung selbst zu erkennen giebt, daß sie, nach seiner Meinung, eben nicht alle ganz genau und richtig seyn mögen.

4) *Description succincte du Cabinet d' histoire naturelle de son Altesse Serenissime Electorale Palatine.* Mannheim. 1767. 37 Seiten. 8.

Der Verfasser ist auch Herr Colini dem die Aufsicht über eben dieses Kabinet anvertraut ist. Es wird in drei grosen Zimmern aufbewahret, und ist 1765 in Ordnung gebracht worden und enthält, eine ziemlich vollständige Reihe aus dem Mineral-Reiche, eine weitläuftige Sammlung versteinerter Sachen, wie auch von schönen Muscheln, Seegewächsen von allen Gattungen, vielen Thieren in Brandewein, ein Kräuterbuch und viele Seltenheiten aus dem Pflanzenreiche. An dem Ende der Abhandlung sagt Herr Colini, daß man noch ein viertes Zimmer einzurichten gesonnen --- welches nun wohl geschehen seyn wird.

MEDICUS (Fried. Casp.) *Index Plantarum horti Electoralis Mannhemiensis.* Mannh. 1771. 12. 70 Seiten.

Der Herr Verfasser hat hier blos die Pflanzen angezeiget, die sich in dem seit 1767 angepflanzten kurfürstlichen botanischen Garten befinden; wer aber weiters seine Beobachtungen, die er darüber angestellt, lesen will, der muß die schon oben angeführte Schriften nachschlagen, sie sind, nach dem Urtheil der Kenner, unendlich schäzbar, und führen zu sehr vielen neuen Kenntnissen in dem ganzen Pflanzenreich.

C.

Von den Schriften über den Ursprung von verschiedenen geistlichen Gebäuden in der Stadt Mannheim.

Concordien-Kirche.

1) Bericht, wie es bei Legung des ersten Grundsteins zu der in der Vestung Friedrichsburg am Rhein neu aufzubauen angeordneten Kirche gehalten worden. In Köhlers historischen Münzbelustigungen, IV. Theil, S. 430 und folg.

Der Verfasser dieses Berichts ist der oben angeführte ehmalige Rector Pletsch in Mannheim, der dem berühmten Köhler die Nachricht von der Legung des Grundsteins zu der von dem Kurfürsten Karl Ludwig erbauten Concordien-Kirche mitgetheilet hat; und wer alle Umstände, welche sich bei dieser merkwürdigen Gelegenheit zugetragen, genau wissen will, darf nur folgende davon handelnde Schriften lesen: a) Herrn Konsistorial-Rath Lists Geschichte der Evangelisch-Lutherischen Gemeinde zu Mannheim. 1. Th. S. 15-36. b) Hrn. Konsistorial-Assessor Exters zweite Fortsezung des Versuchs einer Sammlung von pfälzischen Münzen, S. 138-144. In dem lezteren ganzen Werke, welches 2 Bände ausmacht, sind in den

Noten gar viele schätzbare Anmerkungen, zur Erläuterung der pfälzischen Geschichte.

Katholische Kirchen.

2) Schloßbergers (Hofpredigers) **Ehren-Lob- und Dankrede bei Benedicirung, der Kirche R. R. P. P. P. S. J.** 1756. Folio.

Basilica Corolina --- duobus a Carolis --- Mannhemii ædificata --- in usum Patrum societatis Jesu consecrata. 1760. Folio.

Nebel, Weyhbischofs zu Maynz gehaltene Anrede bei Einweyhung der Kirche, deren P. P. S. J. in Mannheim. 1760. Folio.

Den Titel dieser verschiednen, bei der Einweihung der Jesuiter jezigen Hof-Kirche herausgekommenen Abhandlungen habe aus dem Bücher-Catalogus des verstorbenen Hrn. Regierungsrath von Reichersberg (1773) S. 16, 17 entlehnet. Der von der zweiten ist sehr weitläufig angeführet in Herrn Exters 9ten Fortsezung des Versuchs zur Sammlung pfälzischer Münzen S. 548, wo die Geschichte dieses schönen Kirchenbaues auch aus denen zu der Zeit bei dieser Gelegenheit geschlagene Münzen erläutert wird.

3) *Honorati*, Fratris Capucinorum Provinciæ Rhenaneæ Prædicatoris & Vicarii, *Tri-unum Palatinum*, das ist, kurze Anre-

de bei der Einweyhung der neuen Waysen- Armen- und Zuchthaus-Kirche. Mannheim 1751. 4. 16 Seiten.

Die Kirche wurde 1749 zu bauen angefangen --- nach Herrn Westenrieder in der Erdbeschreibung der Baierisch-pfälzischen Staaten, der bei Mannheim überhaupt, jedes Jahr, wenn die darinnen befindliche Kirchen gebauet worden, anführet. Die Kapellen mitgerechnet, haben die Katholicken 11 Kirchen in der Stadt.

Reformirte Kirchen.

4) Bericht wie es mit Legung des ersten Grundsteins der in Mannheim erbauenden zweifacher genannter Nazional Kirchen für die teutsch- und französische reformirte Gemeinden öffentlich zugegangen und gehalten worden, im Jahr 1685. den 13. October. Heidelberg 1686. 4. 50 Seiten.

Es sind bei dieser Gelegenheit auch zwei Predigten daselbst gedruckt worden auf 32 Seiten; eine deutsche über Jesaias 28, 16. und eine französische über 1. Petri 2. 5. Siehe auch Herrn Exters 3. Fortsezung des Versuchs einer Sammlung von pfälzischen Münzen. S. 166.

5) **Der Segen des Herrn**, (4. Buch Mos. VI. 24 - 26) mit welchem der Herr sein Volk zu segnen und gehen zu lassen anbefohlen hat, ausgesprochen und erkläret, der vor weniger Zeit höchst blühenden, nun aber bei totalen Ruin in viele Oerter zerstreueten Evangelisch-reformirten hochteutschen Gemeine, der neu ganz regular und zierlich gebaueten Stadt Mannheim, von Casparo Gumbart, gewesenen Mit Arbeitern am Wort Gottes, bei gedachter Gemeine. Frankf. am Mayn. 1689.

Der Verfasser wollte diese Predigt den 6ten Merz 1689 halten, um damit Abschied zu nehmen von seiner Gemeinde, deren Kirche die Franzosen zu zersprengen gedachten. Er erhielt auch dazu die Erlaubnis von dem Kommandirenden Offizier --- aber die Feinde zersprengten die Kirche, ehe er die Kanzel betreten, und deswegen liese er sie nur drucken. Siehe Herrn Lists Geschichte der Evangelisch-luther. Gemeinde zu Mannheim 1. Theil. S. 53.

6) **Miegs** (Ludw. Christ.) Kurpfälz. reform. Kirchenraths S. S. Theol. Doct. und Prof. auch Predigers zu *Heidelberg*, Einführung des öffentlichen Gottesdienstes in die neu erbaute Kirche der Evangelisch reformirten teutschen Gemeinde zu Mannheim, vermittelst des Gebets und einer Predigt

von dem sehnlichen Verlangen Davids und der Gläubigen nach der Gemeinschaft der Heiligen, über Psalm 27. 4. Heidelberg 1717 in 4. 72 Seiten.

Der Vorbericht handelt von der Geschichte der Stadt, aber nach Grundsätzen die zum Theil nun nicht mehr angenommen werden, weil das Alter, welches ihr der Verfasser giebt, der Geschichte wiederspricht. Die französische Kirche wurde nach Herrn Westenrieder und Herrn List erst 1739 eingeweihet, und bei dieser Gelegenheit hielte Herr Pfarrer de *Guiffardiere* eine Predigt über Psalm 93. v. 5. Ob sie gedruckt worden, weiß ich nicht.

Lutherische Kirchen.

7) Das von der heilig-hochgelobten Dreyeinigkeit aus dem 33. Psalm, Vers 6, klug- und gründlich abgelegte Glaubens-Bekenntnis bei solenner, den 1. Oct. dieses 1709. Jahres geschehener *Inauguration* oder Einweyhung der zur heiligen Dreyfaltigkeit benahmten, und ihr alleinig gewidmeten, zu Mannheim neuerbauten ersten lutherischen Kirche, vorgetragen, und auf ersuchen zum Druck befördert, von M. Jahann Philipp Schlossern, Kurpf. Evang. luther. Konsistorial-Rath, und der lutherischen Gemeinde zu Heidelberg ersten Predigern. Frankf. am Mayn in 4.

In dem Vorbericht werden die bei der Einweihung unternommene Feierlichkeiten beschrieben, und einen kurzen Auszug aus der Predigt selbst, findet man in dem nachfolgenden Werke, S. 92-94.

8) **List** (Karl Benj.) **Geschichte der Evangelisch-Lutherischen Gemeinde zu Mannheim.** 1767. 8. 368 Seiten.

Daraus sind gar viele von den bisher angeführten Nachrichten gezogen, und ich bringe dieses Werk deswegen unter diese Rubricke, weil der Herr Verfasser von dem Kirchenbau der Evang. luth. in Mannheim darinnen gar umständlich gehandelt hat --- ob ich gleich nicht läugnen will, daß es seinen innern Werth nach noch eher verdiente unter die Bücher gerechnet zu werden, die von der Religions-Geschichte in der Pfalz selbst handeln, und auch dorten eigentlich angeführet werden muß.

In dem ersten Theil wird die Geschichte der Gemeinde von dem Stifter der Stadt Kurfürst **Friedrich** *IV*. an, bis auf die neuste Zeiten beschrieben, und hier findet man zugleich eine kurze aber angenehme und gut bearbeitete Geschichte der Stadt S. 1-66. Der zweite Theil enthält die Geschichte der Prediger, die von je her bei der Gemeinde gedienet, der Schulen und Schullehrer, und des Kirchen-Konvents und denn endlich der gottesdienstlichen und ökonomischen Verfassung der ganzen Gemeinde --- wobei natürlich sehr vieles erzählet werden muste, das freilich ausser den Mitgliedern der Gemeinde selbst für gar wenig Leser interessant seyn kann. Das lezte ist ein schäzbarer Anhang von den bei der Gemeinde jährlich gebohrnen, Kopulirten und Gestorbenen, der in mancher Betrachtung sehr wohl zu gebrauchen seyn wird! Uebrigens sind die Verdienste des würdigen Verfassers um die ganze pfälzische Evangelisch-Lutherische Kirche bekannt! Er hat dieselbige --- gleichsam umgebildet, und durch die Bearbeitung seines Katechismus, die Ausgabe des neuen Gesangbuchs, und der verbesserten Liturgie, nicht wenig zur grösseren Würde des unter Ihnen eingeführten öffentlichen Gottesdienstes beigetragen.

D.

Von den Schriften über den Ursprung von verschiedenen weltlichen Gebäuden in der Stadt Mannheim.

1) *Delineation* der Stadt Mannheim, wie selbige vor dem Krieg bewohnt gewesen.

Dieser Plan von der Stadt Mannheim wurde vor dem 30jährigen Krieg aufgesezet, und ist zu finden bei den gedruckten Privilegien der Stadt vom Jahr 1652. Es sind darinnen alle die Nahmen von den Bürgern aufgezeichnet, die damals eigne Häuser gehabt. Siehe H. *Colini* description de la Ville de Mannheim, in Actis Acad. Pal. Tom. I. S. 442. not. k.

2) Innwendiger Plan der Stadt Mannheim, wie selbige anjezo gebauet und bewohnet wird, von dem 4. Aprill. Anno 1663.

Wird angeführet von Herrn Colini ebendaselbst S. 443 not. l. und zugleich gezeiget, daß die Bevölkerung, welche in diesem Plan von der Stadt Mannheim aufgezeichnet ist genau überein komme mit den noch übrigen Kirchenlisten der wallonischen Gemeinde, als welche dazumahl sehr blühend war. Siehe auch Wunds kurze Geschichte vom Einflusse der Französ. reformirten Gemeinden in der Pfalz, auf Handel und Landbau, in den Bemerkungen der pfälz. physik.-ökonomischen Gesellschaft vom Jahr 1780.

3) Ghims (Tilemann) Predigt über Zacharias IV. 6. 7. bei Legung des Grundsteins zu der Mauer, welche der Kurfürst Karl unten am Wall rings um die Stadt Mannheim herum, hat aufführen lassen. Heidelberg 1687. 4.

Diese Predigt wird angezogen von Hrn. List in der schon oft angeführten Geschichte S. 38. Von der Erbauung dieser Mauer aber handelt umständlich Herr Exter in der 3. Fortsezung S. 162-164.

4) *Inscription*, lateinische, welche bei Erbauung des Mannheimer Zucht- und Waisenhauses, auf dem von Ihro Kurfürstlichen Durchlaucht Karl Theodor *Anno* 1748, gelegten ersten Stein sich befindet.

5) Stadtraths in Mannheim *Inscription* und Reimen, gelegenheitlich des *Anno* 1754 gelegten ersten Steins der Mannheimer neuen Kasernen. 2 Bogen Folio.

Beide Num. 4 und 5. kenne nur aus dem schon oben angeführten von Reichersbergischen Bücher-Catalogo S. 15 und 19.

Topographische Pfälzische

Bibliothek

oder

ſyſtematiſches Verzeichniß

der

bisherigen

Pfälziſchen topographiſchen
Schriften

mit

einigen dazu gehörigen kritiſchen und litterariſchen

Bemerkungen.

Zweites Stück.

Mannheim
in der neuen Hof- und akademiſchen Buchhandlung.

1789.

Vorbericht.

Dem dritten Stücke, womit diese Bibliothek geendiget wird, sollen die Zusäze beigefüget werden, die, nach dem Urtheile einiger Freunden noch fehlen, um dieses kleine Werk so vollständig zu machen, als es möglich ist — und da ein Autoren- und Sachregister, bei einer litterarischen Schrift von der Art, etwas wesentliches, um sie nemlich den Kennern und Liebhabern recht nüzlich zu machen; so werde ich mich bemühen, auch hierin dem geneigten Leser mich gefällig zu erweisen, und damit also diesen besondern Zweig der vaterländischen Litteratur endigen.

Vorbericht.

Ich hatte freilich anfangs geglaubt, daß ich schon mit dem zweiten Stück endigen könnte, und (nach dem Plan der pfälzischen Bibliothek, welchen ich dem ersten Stück beigefüget) selbst hier noch Raum genug fände, zu einer etwas umständlichen Nachricht, von den topographischen Schriften des, mit der rheinischen Pfalz so nah verwandten Herzogthums Zweibrücken: allein ein genauerer Ueberblik des Ganzen überzeugte mich bald von dem Gegentheile; denn dieses Land, welches das seltne Glück gehabt, daß einige auf einander folgende Professoren und Rektoren an dem berühmten Zweibrücker Gymnasium, von dessen vornehmsten Städten, Oberämtern und andern mit der Topographie verbundenen Gegenständen, in vielen einzelnen vortreflichen Schriften, eben so gründlich als umständlich gehandelt, reichet Stof genug zu einer besondern Schrift dar, und ich war also genöthiget mich allein auf unser Vaterland einzuschränken, und blos in Rücksicht auf dasselbige, diese Bibliothek bis auf drei Stücke auszudehnen.

Vorbericht.

Ich hoffe auch nicht, daß dieses, dem Theil des Publikums, welches Schriften von dieser Art liest und schäzet, mißfällig seyn wird. Mir war es wenigstens sehr angenehm, und richtete mich oft unter dieser sonst mühsamen Arbeit auf, da ich gefunden, daß, vorzüglich die historische und geographische Schriften über die rheinische Pfalz, sich täglich vermehren: denn ist eben dieses nicht mit der beste Beweis (und welchem Patrioten schlägt bei diesem Gedanken das Herz nicht für Freude!) daß der weise, gütige und menschenfreundliche Fürst, **Karl Theodor**, durch seine warme und feurige Sorgfalt für die Ausbreitung der Wissenschaften und Künsten in seinem Lande, auch seine hohe Absichten erreicht, und also für diese so edelmüthige Bemühung nicht ganz unbelohnet bleibt? Was die von ihm huldreichst gestiftete Akademie in diesem Fach geleistet, davon zeugen ja ihre unsterbliche Werke, und wie klein und eingeschränkt, würde diese Bibliothek nicht ausgefallen seyn, wenn man sich nicht auf dieselbige so oft hätte beziehen können und müssen?

Vorbericht.

Uebrigens glaube ich nicht nöthig zu haben, mich zu entschuldigen, daß ich in diesem 2ten Stücke in etwas meinen anfangs erwählten Plan geändert, und bei der Darstellung der Schriften über die Oberämter insbesondere, der Ordnung des Herrn Regierungsrath **Widders** gefolget bin, indem ich dabei eine sehr gute Absicht gehabt: die Litteratur der vaterländischen Geographie sollte dadurch mit seiner pfälzischen Erdbeschreibung in einem desto genauerem Verhältniße stehen — und ich würde mich sehr freuen, wenn man auf diese Art diese Bibliothek als eine kleine und nicht ganz unnüze Beilage bei seinem so schäzbaren Werke gebrauchen könnte.

Der Verfasser.

Topographische
Pfälzische Bibliothek.

Viertes Kapitel.
Von den drei Hauptstädten insbesondere.

§ 1.
Von der alten Residenzstadt Heidelberg.

A.

Von der Geschichte dieser Stadt und zwar in einigen Handschriften.

a) A*nonymi Chronicon Heidelbergense. MSC. Johannis in praefatione de Scriptoribus Palat. p. 10.*

Petrus Giovanni (Ludwig) führet diese Handschrift an in Germania principe. Halae 1711. p. 170. und meldet zugleich, daß

Conring sich derselben bedienet, und daß er
sie selbst in seinem Vaterlande gesehen habe.
Mehr Dank wäre man ihm ohne Zweifel schul¬
dig, wenn er uns von ihrem Inhalt etwas er¬
zählet, und ihren innern Werth nach den
Grundsäzen einer gesunden Kritik genauer an¬
gegeben hätte; denn wie leicht kann sie von
geringer Bedeutung seyn, wie so manche alte
Chroniken, die man bisher in Handschriften
aufbehalten und oft als Seltenheiten ange¬
priesen hat, da sie es doch nicht sind. Ich
besize auf diese Art Chroniken von den mei¬
sten pfälzischen Oberamtsstädten, die für den
eigentlichen Geschichtschreiber unserer Zeit,
nicht von dem mindesten Werthe sind.

b) Wagners (Joh. Adam) Beschrei¬
bung der durch die Franzosen 1693 zer¬
stöhrten Stadt Heidelberg.

Herr D. Andreä, welcher diese Hand¬
schrift besizet, führet sie an, im *Riesmanno
redivivo.* pag. 265. not. t. Der Verfasser
war Lehrer an dem Heidelberger reformirten
Gymnasium und lebte noch als Pfarrer zu
Rohrbach 1721. Er war also ein Augen¬
zeuge, und konnte manches bemerken, das
dem spätern Geschichtschreiber leicht entgehet.
Die Beschreibung selbst soll zwar nach dem
Urtheile des Herrn D. Andreä sehr kurz seyn;
indessen ist sie doch in diesem Gesichtspunkte
betrachtet von einigem Werth und ich wün-

sche daher, daß es diesem Gelehrten gefallen möchte, sie mit der gleich folgenden von dem sel. Nebel zu vergleichen, und den Unterschied zwischen beiden genau anzugeben, damit man doch wüßte, worin diese beide Augenzeugen miteinander übereinstimmen oder nicht.

c) *De Heidelbergae ultima invasione & devastatione.* 4. 30 Seiten.

Der Verfasser ist der bekannte pfälzische Leibarzt und Lehrer der Arzneikunde, Daniel Nebel, der den 15. Merz 1733 gestorben und dessen Leben kürzlich aufgezeichnet ist, in der ihm zur Ehre aufgesezten Schrift: *Memoria Nebeliana* Heid. 1738. fol. und von seinem würdigen Enkel, dem jezigen Herrn Professor Nebel beschrieben in *Actis Secul. Acad. Heid.* P. I. p. 260 — 264. Da die Stadt, 1693, belagert und eingenommen wurde, war er noch außerordentlicher Lehrer der Arzneikunst, und mußte von dem Heidelberger Schloße, mit vielen andern Pfälzern, in einer sehr traurigen Lage, durch den Odenwald nach Frankfurt flüchten, wo er aber bald den Lohn seiner Verdienste und Tugend fand; denn er wurde gleich darauf als Professor nach Marburg berufen, und kam unter dem Kurfürsten Johann Wilhelm, 1708 wieder in die Pfalz und diente dem Hof so wohl als der hohen Schule bis an sein Ende.

mit vielem Segen. Die vom ihm hinterlaſſene gedruckte ſowohl als ungedruckte Werke findet man in der oben angeführten Gedächtnißſchrift aufgezeichnet; doch ſtehet unter den Lezteren dieſe Handſchrift nicht. Sie enthält manches, das man wohl an andern Orten vergebens ſuchen wird — und davon wird ſich jeder leicht überzeugen können, der entweder wie ich, das Vergnügen genieſſet, ſie zu leſen, oder den Verfaſſer aus ſeinen übrigen Schriften kennet, und von dem Verhältniß, darin er geſtanden, etwas weiß. Er war ein beliebter praktiſcher Arzt, hatte den Zugang zu den beſten Häuſern, und konnte alſo mit einem richtigen Blick auch manches beobachten, das vielen andern, ob ſie gleich das nemliche Schickſal erlebet haben, entgienge. Unter den Patrioten die damals in der Stadt waren, und welche die verätheriſche Handlungen des Kommendanten von Heydersdorf laut misbilligten, lobt er vorzüglich den pfälz. geheimen Rath und Freiherrn, Ferdinand von Degenfeld, der bekanntlich blind war, und dieſes Unglük ſein ganzes Leben geduldig ertrug. Izt bedaurte er zum erſtenmal den Verluſt ſeiner Augen, weil er in dieſer Lage nicht ſo, gegen den Kommendanten, zum beſten des pfälziſchen Hauſes, wirken konnte, wie er wünſchte. Man ſehe eine ſchöne Anekdote davon in der 3ten Lieferung der Mannheimer Schreibtafel S. 98.

d) Flads (Ph. W. L.) Beschreibung der Stadt Heidelberg. 20 Seiten in Folio.

Herr Meusel nennet den Verfasser, der den 6ten Junius 1786 gestorben, in der Stelle von seinen litterarischen Annalen, wo er dessen Tod ankündiget, einen gründlichen Kenner der pfälzischen Geschichte, besonders der Münzkunde; er hatte aber auch in der That einen großen Theil seines Lebens diesem Studium gewiedmet, und besaß in der pfälzischen Litteratur, wie die meiste von seinen in diesem Fach hinterlassene Schriften beweisen, keine gemeine Kenntnisse. Seine Freunde wünschten nur, daß er sich bei der Bearbeitung derselbigen mehr der lateinischen als der deutschen Sprache bedienet hätte, weil er sich in der ersteren, wahrscheinlich von Jugend auf, mehr geübet, und also auch viel glücklicher und bestimmter ausdrucken konnte. In dieser Beschreibung, die er mit vielen andern schäzbaren Handschriften hinterlassen, ist wohl das, was er von dem nach und nach erbauten und jezt ruinirten Bergschloß erzählet, das brauchbarste und außerordentlich genau. Unter andern wiederholet er darinnen, was er schon in seinen 1744 herausgegebenen Amoenitatibus palatinis behauptete, nemlich, daß der wahre erste Erbauer desselbigen, der römische König, Ruprecht der 3te gewesen, und berichtiget also den Zeiler, Tollner und Kaiser, welche dessen Erbauung erst den späteren pfälzischen Kurfürsten zuschreiben; doch von dem Ursprunge der Heidelberger Buchdruckerei, von welcher er annimmt, daß sie schon in dem Jahre 1472 ansehnliche Werke an das Licht gestellt, findet man auch schäzbare Nachrichten darinnen, wie z. B. von dem Schwabenspiegel und den *Sermonibus S. Bernhardi*, die in Folio 1481 in Heidelberg gedruckt worden. Ueberhaupt war die Geschichte der in der Pfalz nach und nach eingeführten Buchdruckerei eine seiner Lieblingsarbeiten; denn er hat gewiß den schon 1760 herausgegebenen Entwurf, von dem Ursprung der Buchdruckerkunst und des in Heidelberg eingeführten Buchhandels vollständig ausgeführet, auch auf die Buchdruckereien in andern pfälzischen Städten, wie z. B. Neustadt, Weinheim, Frankenthal, Ladenburg und Oppenheim ausgedehnet, und in der pfälzischen Akademie der Wissenschaften, dessen Mitglied er gewesen, stückweis vorgelesen. Ohne Zweifel findet man daher auch in seiner kostbaren Büchersammlung, die ehestens öffentlich versteigt wird, viele seltene Schriften, die diesen Gegenstand noch näher erläutern, und davon er bei seinen Lebzeiten schon verschiedene dem sel. Büttinghausen mitgetheilet, zu dessen

Incunabilis Typographiæ Oppenheimiensis. Heid. 1763. 8.

e) Kaysers historischer Schauplaz der Stadt Heidelberg, in einem kurzen Auszug und mit einigen nöthigen Berichtigungen. 56 Seiten in Folio.

Der Verfasser ist der jezige Herr Regierungs= und Kirchenrath Suchs in Heidelberg. Man findet darin, nach den Regeln einer gesunden Kritik, die Erzählung des Kaysers abgekürzt, ganz nach dem Geschmack unsers Zeitalters eingerichtet und, wo es nöthig war, aus reinen und guten Quellen, besonders aus den Akten der Mannheimer Akademie, berichtiget; siehe die Beiträge zu der Geschichte der Heidelberger Universität. S. 146 not. 40. Ich besize nun die schäzbare Handschrift selbst, und werde sie, mit der gütigen Erlaubniß des Herrn Verfassers, bei einer vollständigen topographischen Darstellung dieser merkwürdigen Stadt, woran ich schon längst arbeite, näher benuzen; denn sie gab mir mit den ersten Anlaß, mich dieser Arbeit zu unterziehen.

B.
Von der Geschichte der Stadt Heidelberg in gedruckten Schriften.

De Clapis (Petri Autonii) *Oratio in laudem civitatis & universitatis Heidelbergen-*

sis & Gaguini (Roberti) *Carmen elegiacum in laudem ejusdem civitatis.* Sine loco & Anno in 4.

Beide Schriften sind äußerst selten und der sel. Büttinghausen hat zuerst seine Landsleute darauf aufmerksam gemacht, in den pfälzisch historischen Nachrichten aus neuern Schriften S. 72. Rieger muß in seinen Amoenitatibus litterariis Frigurb. Fasc. I. p. 193, woraus er sie kennen gelernet, von ihrem eigentlichen Inhalt und Werth nichts gemeldet haben, denn sonst hätte er uns gewiß auch einige Nachricht davon ertheilet.

Petrus Antonius de Clapis war 1489 Domprobst zu Worms und also der Heidelberger Universität Canzler. Er starb, nach *Schannats* Historia Episcop. Wormat. pag. 76 in dem Jahr 1512. Daß seine Gesinnungen gegen die hohe Schule nicht völlig vom Eigennuz befreiet gewesen, hat der verstorbene Kirchenrath Wund in dem ersten Program, von der Geschichte der philosophischen Fakultät S. 27 aus den Universitätsakten bewiesen; denn er wollte die Vizecanzlerstelle, welche seine Vorfahrer den Lehrern der hohen Schule immer unentgeldlich anvertrauten, keinem auf diese Art übertragen; der Kurfürst Philipp der aufrichtige bewegte ihn doch bald, edler zu handeln. Von den Schriften Robert Gaguins, des bekannten Verfassers der

Annalium rerum gallicarum, handelt ziemlich ausführlich Gundling in der Historie der Gelehrsamkeit. Band 2. S. 2997 u. f.

b) *Leodii* (Hub. Thom.) *Commentatio de Heidelbergae Antiquitatibus, in Auctoris Annalibus de vita & rebus gestis Frid. II. El. Pal. Francof. 1624. 4. pag. 295 — 98.* S. Johannis in Præf. loc. cit. p. 10 N. 3.

Der Verfasser war Sekretär bei dem Kurfürst Friedrich dem 2ten von der Pfalz und ist auch vorzüglich als dessen Biograph bekannt. In *Freheri* Scriptoribus rer. germ. und zwar im 3ten Band, nach der neuesten Auflage, findet man noch zwei andere kleine Schriften von ihm, die geschäzet werden, nemlich, die Geschichte des Bauernkriegs vom J. 1525 und der Thaten des bekannten Franz von Sickingen; aber der Aufsaz von den Alterthümern der Stadt Heidelberg ist sehr unbeträchtlich. Er gründet sich auf die Nachrichten, welche ihm ein Gelehrter der damaligen Zeit, Namens Johannes Berger mitgetheilet hat; aber sie sind sehr fabelhaft und fast im Geschmack von Bayerlins pfälzischen Antiquitäten aufgesezt. Von dem Werth seiner Annalen werde ich an einem andern Ort handeln.

c) *Melissi* (Paul) *Commentatiuncula de Etymo Heidelbergae & Monte Mirbillise-*

ro. *in Freheri Orig. pal. ex Editione Reinhardi. p. 136 — 151.* S. Johannis *loc. cit.* pag. 10. N. 4.

Die Abhandlung enthält bloß den Beweis, daß der Name der Stadt am wahrscheinlichsten von den Heidelbeeren, die sehr stark auf ihrem Gebirge wachsen, hergeleitet werden müsse und dabei sind viele neuere Gelehrten mit ihm eins, wie z. B. Herr Hofrath Lamei nach Biörnstähls Briefen. 5. Band. S. 147. Das Leben des Melissus hat kurz aber schön entworfen, Brucker im Ehrentempel der deutschen Gelehrsamkeit, S. 148 — 150. Der Pfalzgraf Kaßimir übergab ihm die Aufsicht über die bekannte große pfälzische Bibliothek, wobei zu merken, daß er der erste gewesen, der diese Stelle als ein besonderes Amt erhielte, denn zuvor mußten die Rektoren der Universität dieses Geschäfte versehen. Siehe C. C. *Wund* pr. de celeberrima quondam Bibliotheca Heid. Heid. 1776. 4. pag. 20. Not. 34.

d) *Freheri* (Marq.) *Chronicon breve urbis Heidelbergensis, in Auctoris Orig. pal. ex Editione Reinhardi. pag. 389 — 395. vid.* Johannis *in praef. de Scriptorib. pal. pag.* 10. N. 5.

Die Chronik fängt an von dem Jahre 1225 und endiget sich mit dem Jahre 1573. Sie

Sie enthält nur einige merkwürdige Begebenheiten, die sich in der Stadt zugetragen haben; indessen siehet man doch aus dem kleinen Werk, daß es den Mann zum Verfasser hat, der als ein gründlicher Geschichtschreiber es für Pflicht hielte bei jeder Handlung, die er beschreibt, auch seine Quellen anzuführen, und der gewiß etwas vollständiges würde geliefert haben, wenn er anders Lust und Muse dazu gehabt hätte; von dessen Leben handelt Brucker im Ehrentempel der deutschen Gelehrsamkeit S. 106 — 110.

e) *Heroldi* (I. Bas.) *Obſervatio de Heidelberga & vicino agro — e libro Auctoris de Stationibus Legionum in veteri Germania , Cap. XII. in Freh.* Orig. Pal. ex edit. *Reinhardi. pag. 481 — 485.*

Die kleine Abhandlung dienet blos zum Beweis, daß die alte Römer schon in der Gegend gewohnet haben; von dem Leben und den Schriften des Verf. hat uns aber Johannis in seiner schäzbaren Vorrede S. 17 und 18 artige Nachrichten hinterlassen; er bemerket, daß die pfälzische Geschichte das Lieblingsstudium des Herolds gewesen und daß man auch noch folgende Schriften von ihm habe:

Bericht und kurz begriffene Erläuterung der Geburtstafel — des löbli-

B

chen Kurhauses der Pfalz am Rhein. Basel 1561. 4.

Exegesis, sive Successionis Palatinae Francicae Declaratio. ibid. 1577 8.

f) *Relatio historica,* wie die Stadt und Schloß Heidelberg von Kaiserlichen und Bayerischen eingenommen worden. Frankfurt, 1622. 4.

Unter diesem Titel wird diese Schrift angeführet vom Prof. Johannis in seiner Vorrede S. 132. und es ist wahrscheinlich das nemliche Werkchen, welches Sigismund Latonius in diesem Jahr verlegt, und das der verstorbene Kayser gar oft bei der Beschreibung der 1622 zerstöhrten Stadt Heidelberg angeführet hat. Bald darauf kam dagegen folgende Schrift heraus.

g) Kurze und doch gründliche Verantwortung der Kur und Residenz Heidelberg Einwohner, wider die, in jüngster Herbstmeß, Anno 1622 ausgegangene vermeynte historische Relation der Stadt Heidelberg Belagerung und Eroberung betreffend. Manniglich zu rechtem und wahrem Unterricht, aus beweglichen Motiven, auch in Druck gegeben, und der vermeynten Relation entgegen gesezt. Frankfurt, bei Johann Schmidlin zu finden, im Jahr 1623. 4. 31 Seiten.

Der Verfasser ist, nach der kurzen Zueignung an den Heidelberger Stadtrath, ein Heidelberger Einwohner, der sich nach der Eroberung der Stadt nach Frankfurt begab, um nach überstandenem Elend einige Ruhe zu genießen. Der Hauptendzwek, den er durch diese Schrift zu erreichen suchte, war, die Vertheidigung der Heidelberger Bürger, als welchen in der oben angeführten Relation vorgeworfen wurde, daß sie an ihrem eignen Verderben schuld gewesen wären, indem sie ihren Posten allzufrüh verlassen, und sich unnöthigerweise auf den Zunftstuben allzuoft versammelt hätten, um sich über Dinge zu berathen, welche sie weit klüger den Einsichten vernünftigerer Personen überlassen haben würden. Der Verfasser wirft dagegen alle Schuld auf den Gouverneur, **Heinrich von Merven**, und man muß gestehen, daß dieser Mann auch gewiß den Untergang der Stadt befördert hat, wenn anders nur einige von den 30 Punkten wahr und richtig sind, die ihm hier als große Vergehungen aufgebürdet werden. Die vorzuglichste Klagen gegen ihn sind folgende: daß er die Strittigkeiten zwischen den Bürgern und Soldaten nicht gehoben; den lezteren eine zügellose Freiheit gestattet; die kurfürstliche Dienerschaft zu sehr verachtet; vor die höchste Noth der Einwohner zu wenig gesorgt; den Soldaten zu frühe, bei der Eroberung, von den äußern Posten in der Vorstadt abzuziehen erlaubt, und überhaupt zu geldbegierig gewesen wäre, und darüber höhere Angelegenheiten vernachläßiget habe: das leztere beweiset der Verfasser daraus, weil ihm die Bürgerschaft, durch Kollekten unter sich gesammelt, eine goldne Kette mit seinem Brustbild habe verehren müssen, die aber, zur gerechten Strafe, nicht in seine Hände gekommen sey, indem sie bei der Eroberung noch nicht fertig war, und die baierische Soldaten selbige dem Goldarbeiter entrissen hatten. Ich weiß nicht, ob der Gouverneur sich gegen diese Anklagen gerechtfertiget hat oder nicht? Aber so viel ist gewiß, daß er die Heidelberger Bürgerschaft, bei der Uebergabe des Schlosses nicht mit in die Kapitulation brachte, und daß es also höchst wahrscheinlich, daß er doch einigen Haß gegen sie in seinem Herzen truge. Kayser muß diese Schrift gar nicht gekannt haben, weil er von allen diesen Umständen nicht das mindeste meldet.

h) *Clerici* (Davidis) *Lacrumae Heidelbergenses. 1624. 4.* 16 Seiten.

— — — *— in Auctoris Orationibus, Computu Ecclesiastico, & Poematibus. Amst. 1687. 8. pag. 259 — 268.*

— — — *—Lacrumas Heidelbergenses & Ferdinandi Posthii Carmen in vastationem vici Handesheimensis denuo edidit, praefatione & adnotationibus historicis auxit,*

Joh. Henr. Zwipff, *Paſtor Eccleſiae reformatae Heſſhemienſis*. *Francothalii*. 1785. 8. *maj*.

Clericus war 36 Jahr Profeſſor der morgenländiſchen Sprachen zu Genf, und gab daſelbſt ſein Gedicht heraus im J. 1625. Der Name des Verf. und der Druckort ſtehet zwar nicht auf dem Titel, aber am Ende der Zueignungsſchrift, welche auf der andern Seite des Titelblatts ſtehet, findet man ihn, und daß das Jahr 1624 das Jahr des Druckes iſt, meldet Johannes Clericus, in der Vorrede, die er den Quæſtionibus ſacris des David Clericus vorgeſezt hat; Amſt. 1685. 8.

Etliche Freunde der pfälziſchen Litteratur wünſchten, daß dieſes Gedicht, welches ſich ſo ſelten gemacht, wieder aufgelegt würde. Man hat es zwar in der oben angeführten Sammlung von 1687; aber es iſt darinnen mit ſo vielen Fehlern abgedruckt, und dieſe Sammlung ſelbſt iſt ſo rar, daß man dieſen Wunſch noch immer äuſſern konnte. Herr Pfarrer Zwipf entſchloſſe ſich daher die neueſte Ausgabe zu übernehmen, und ließ deßwegen mit des Clericus Gedicht von der Stadt Heidelberg im J. 1622 ein artiges lateiniſches Gedicht des Ferdinand Poſthius von der Zerſtörung des Dorfes Handſchuchsheim bei Heidelberg im J. 1689 abdrucken, und bereicherte beide mit etlichen ſehr ſchäzbaren litterarischen Bemerkungen und einer Vorrede, welche von seinen guten Kenntnissen in der vaterländischen Litteratur der beste Zeuge ist. Es ist nur zu bedauern, daß es ihm gefallen, aus Gründen die er zwar in der Vorrede angegeben, die mir aber nicht wichtig genug zu seyn scheinen, aus dem Gedichte des Clericus geflissentlich allzugroße Stellen auszulassen, indem der Zusammenhang des sonst schönen Gedichtes sich allzusehr dadurch verlieret; er war zwar gesonnen diesen Einwürfen seiner Freunde dadurch zu entgehen, daß er ihnen zu gefallen, auf 3 besondern Blättern, diese Stellen von neuem wollte abdrucken und an ihrem gehörigen Orte einrücken lassen — aber der Tod, der ihn leider! den 7. Dez. 1787 eben diesen seinen Freunden und seiner Familie zu frühe entrissen, vereitelte dieses Vorhaben? Daß übrigens Clericus sich vorzüglich bei dem Unglüke verweilet, welches 1622 die Heidelberger Universität betroffen hat, war ganz natürlich: er war ein Schüler des bekannten Janus Gruberus, unter dessen Anführung er in seiner Jugend die vortrefliche Heidelberger Bibliothek benuzte, und mußte also doppelt den Verlust fühlen, welchen durch ihre Zerstörung das ganze gelehrte Deutschland gelitten hat.

i) *Tossani* (Dan. Junior.) *Oratio de Heidelberga instituta, destituta, & restituta.* *Hanoviae 1650. 43* Seiten in 4.

In den Beiträgen zu der Geschichte der Heidelberger Universität wird s. 52 bemerket, daß Büttinghausen in seinem bekannten Verzeichnisse dem Prof. Johannis bewiesen habe, daß diese Rede wirklich in dem auf dem Titel angesezten Jahr zu Hanau herausgekommen sei, und daß sie nicht allein, von der Universität, sondern von der Stadt Heidelberg überhaupt handle. Der Verfasser hielte sie als die hohe Schule das Vermählungsfest des Kurfürsten Carl Ludwigs feierte, und er meldet zugleich in derselbigen, daß er schon als Rektor zu Basel eine Rede von der 1622 zerstöhrten Stadt Heidelberg gehalten habe, welche aber wahrscheinlich nicht gedruckt wurde. Der ältere Daniel Tossan hat auch zu Heidelberg viele Reden bei besondern Gelegenheiten gehalten. Die Sammlung davon ist sehr selten. Sie kam ans Licht zu Amberg 1595. 8. und es sind viele darunter, die für den pfälzischen Litterator merkwürdig sind. Doch diese werde ich bei einer andern Gelegenheit genauer anzeigen.

k) *Fabricii* (J. Seobald.) *Myrtilletus urbana, sive descriptio urbis Heidelbergensis historica.* Heid. 1658. 4.

Den Titel dieser Rede (denn es ist eigentlich eine Rede, die der Verf. in Gegenwart des Kurfürsten Carl Ludwigs hielte, als er einem jungen Schweizer die Doktorwürde

ertheilte) habe ich aus des Johannis Vor=
rede S. 11 entlehnet, und es scheinet, daß er
der Kürze wegen denselbigen erwählet, weil
der eigentliche Titel: *Actus Panegyricus &c.*
gar zu groß ist, und die Rede in der Haupt=
sache doch nur von Heidelberg und der umlie=
genden Gegend handelt. Sie ist, wie alle
topographische Schriften von Fabriz, als z.
B. die Reden von Mannheim, Lautern,
und dem Kloster Neuhausen bei Worms,
sehr selten, und enthält auch wie die übrigen
viel Gutes und Schönes unter gar vielen un=
richtigen Behauptungen — wobei man, nach
dem Ausdruck des Herrn Spittlers in der
kritischen Sammlung der Nachrichten zu der
ältesten Wirtenbergischen Geschichte, sich
über die Sorglosigkeit unserer guten Alten in
Rücksicht auf Kritik bei der Auswahl der Be=
gebenheiten, nicht genug verwundern kann.
Er versezet z. B. Heidelberg noch in den
Kraichgau, ob ihn gleich schon Freher da=
mals eines besseren belehren konnte, und ver=
weilet sich mit vieler Anhänglichkeit bei Ge=
genständen, davon er eigentlich nichts gewis=
ses sagen konnte; von dem traurigen Schick=
sal, welches die Stadt in dem 30jährigen Krie=
ge erduldet, und dessen er sich noch lebhaft
erinnern mußte, meldet er in dem Gegentheil
sehr wenig, oder wenigstens nichts, das nicht
allgemein bekannt wäre. Herr Prof. Jo=
hannis nennet zwar Fabrizens Rede schön,

aber ich denke, dieses Urtheil erstrekt sich mehr auf die Sprache als den Inhalt! —

l) **Kurze Beschreibung der uralten Churpfälzischen Residenzstadt Heydelberg**, deren Ursprung und was in derselbigen besonderliches und denkwürdiges geschehen, und allda zu sehen gewesen, auch wie jüngsthin dieselbe und deren Innwohner durch des sogenannten christlichen Königs von Frankreich, Ludwig des *XIV*. unchristliche und mehr als barbarische Behandlung und Traktament *respektive* verstöret, zernichtet und zerstreuet, sodann anbei, wie der, durch dessen Veranlaß all dieß Unglük geschehen, zur Strafe gezogen worden. Gedrukt im J. 1639. 4. 24 Seiten.

Von den älteren Begebenheiten handelt der unbekannte Verf. kürzlich, aber das lezte Unglük der Stadt beschreibet er ziemlich umständlich. Kayser hat ihn daher in seinem historischen Schauplaz stark benuzet und das merkwürdigste wörtlich daraus entlehnet. Auf dem Titel siehet man die brennende Stadt in einem Holzstich.

m) **Schmidtmanns (Joh. Daniel) merkwürdiger Schwanengesang**, nebst Jacob Elsners Leichenpredigt über Jesajas 54. v. 13. Küstrin. Fol. 1727.

Diese Abhandlung wurde wegen ihrem merkwürdigen Inhalt auch ins Holländische übersezt, denn unter dem Titel Schwanengesang erzählet der verstorbene reformirte Prediger Schmidtmann zu Berlin sein eignes Leben und vorzüglich die traurige Lage, worin er bei der Zerstöhrung von Heidelberg und Mannheim sich befand, indem er zu dieser Zeit in beiden Städten das Predigtamt bekleidete. Er war sehr eifrig in seinem Dienste, und man muß den Mann lieb gewinnen wenn er in dem trautesten Ton von allen den Leiden redet, die er dazumal ausgestanden — wie er alle Sonntags früh, vor dem Aufgang der Sonne, aus dem Sapienzkollegium von Heidelberg nach Mannheim gieng, und daselbst den äußerst betrübten Einwohnern predigte, und abends immer mit Lebensgefahr wieder zurükkehrte. Bei der Eroberung der Stadt Heidelberg hielt er auf der Gruft des lezten reformirten Kurfürsten Carls eine Predigt mit Erlaubniß der französischen Generalität, und da die heil. Geistkirche schon mitten in den Flammen stunde, und die tausend Elende, die sich darin eingesperrt fanden, der Gefahr zu verbrennen augenbliklich ausgesezt gewesen, so erlebte er noch die Freude, daß auf sein Vorwort die Leute aus der Kirche gelassen wurden, und nach dem Herrengarten flüchten durften; von dem Melak wird in dem Gegentheile erzählet, daß er unter dieses unglückliche Volk habe schiessen lassen. Ueberhaupt war das Betragen der Eroberer unmenschlich und die meiste Schriftsteller gedenken daher desselbigen mit großer Indignation; besonders aber redet in einem sehr bittern Ton davon, ein unbekannter Gelehrter, in der sehr seltnen Schrift, die damals unter den Titel herausgekommen: *Fecialis Gallus*. 1689. in 12. maj. und darauf Herr D. Andreä neuerdings seine Landesleute aufmerksam gemacht im *Riesmanno redivivo*. pag. 265. not t. Von Schmidtmann kann man noch nachlesen: Wills Nürnberger gelehrtes Lexicon. 3. B. S. 547; Dunkels historisch kritische Nachrichten, 1. B. 2. Th. in dem Anhange S. 340; und Waldaus Nürnberger reformirte Reformationsgeschichte.

n) Kaysers (Johann Peter) historischer Schauplaz der alten berühmten Stadt Heidelberg. Frankf. 1733. 8. 544 Seiten mit einem vollständigen Register und zwei Kupferplatten.

Der erste Theil, welcher der eigentlichen Geschichte und Beschreibung der Stadt gewiedmet ist, gehet bis an die 202te Seite und es ist nicht zu läugnen, daß er mit dem mühsamsten Fleiße bearbeitet ist, und sich zugleich auf die beste pfälzische Geschichtschreiber, die man dazumal hatte, gründet, als z. B. auf den von Johannis berichtigten

Pareus, Freher, Alting, Struv und andere; aber dem 2ten Theil kann man, wenn man unpartheiisch seyn will, dieses Lob nicht beilegen: denn nach dem, von dem Verf. eben nicht zum glücklichsten erwählten Plan, mußte gar vieles in demselbigen wiederholet werden, was man in dem vorhergehenden schon gelesen hatte, und außer dem sind hier gar viele Begebenheiten beschrieben, welche auf die Pfalz insbesondere eben wenig Beziehung haben, und gar viele wichtige Gegenstände, die sich unter diesem oder jenem Kurfürsten zugetragen, übergangen. Auch die Schreibart und der alte, jezt mit Recht verworfene Chronikenstil herrschet in diesem Theil vielmehr als in dem ersteren, und hat ohne Zweifel den Verfasser oft so mit hingerissen, daß er, wie es scheinet mit Vergnügen, überall die seltsamste und unglaublichste Begebenheiten erzählet, und, um dieses thun zu können, jede, auch noch so entfernte Gelegenheit dazu sehr gern ergriffen hat. Indessen war dieses mit der Geschmack seines Zeitalters und es wäre ungerecht und undankbar, ihm dieses allein zu Last zu legen. Die ganze Arbeit ist immer noch ein schäzbares Denkmal von dem Manne, der neben seinem Amte wohl den größten Theil seines Lebens der vaterländischen Geschichte gewiedmet hat, und dem auch alles heilig gewesen, was nur irgend einigen Bezug darauf hatte; aber sollte sie eben deswegen nicht verdienen, aufs neue aufgelegt, umgearbeitet, bis auf unsere Zeiten ausgedehnt, und nach einer besseren Schreibart dem Liebhaber der vaterländischen Topographie übergeben zu werden — ungefähr nach dem Plane, welchen, wie ich oben schon gemeldet, Herr Regierungsrath Fuchs dazu erwählet hatte? Sind doch wenige Städte in Deutschland, wo die Natur so viele Reize hingelegt und die eines guten Topographen so würdig wären, als Heidelberg!

o) *Mieg.* (A. J. G.) *Heidelberga. Heid.* 1773. 4. 20 Seiten.

Der Herr Verf. hat schon mehrere Theile der vaterländischen Geschichte in Gedichten besungen, und ich führe hier nur z. B. davon an, die *Elogia* und *Regalia Palatina*, die zu Mannheim gedruckt wurden. 1768. 4. Von der Geschichte der Stadt Heidelberg sind mir aber auch noch einige andere bekannt, welche es gewagt haben, sie in Gedichten darzustellen, nemlich außer dem oben schon angeführten Guagin und Clericus, der bekannte ehmalige Lehrer an dem Heidelberger Gymnasium, Joseph Tannenberg, dessen Gedicht Kayser in seinen historischen Schauplaz aufgenommen hat — und *Mensingal*, Professoris *Groeningensis*, *Elegia, in Heidelbergam deletam, & totum vastatum Palatinatum,*

Leovardiae. 1694. 4. Siehe H. D. *Andreas Riesmannum redivivum.* Pag. 263. Not. t.

p) Nachricht an die Einwohner der Stadt Heidelberg über die gefährliche Lage des Eises an der Neckerbrücke, und über die Ueberschwemmung, so bei dessen Aufbruch erfolgen kann. Heidelberg bei den Gebrüder Pfäler, 1 Bogen. 4. 1784.

Ich rechne diesen Aufsaz zu den Schriften, welche die Geschichte der Stadt erläutern, weil man am besten daraus die traurige Lage erkennen kann, in welcher sich die gute Stadt in diesem Jahre befand, und weil sie eine trefliche Beilage zu der im 1ten Stück dieser Bibliothek angeführten Schrift, wo die fürchterliche Folgen, welche der 1784ger Eisgang gehabt, umständlich erzählet werden. Der Verf. ist nach der Unterschrift, der Herr Prof. Traitteur, welcher sich zu der Zeit nicht wenig um die sämmtliche Einwohner verdient gemacht hatte, indem die Erfahrung bald darauf lehrte, daß seine Warnung höchst nothwendig und nüzlich gewesen, und daß alle diejenige, welche darauf geachtet und aus ihren Häusern geflüchtet, sehr weislich gethan haben. Auch für den künftigen Topographen dieser Stadt kann die kleine Schrift von einigen Nuzen seyn, indem man zuvor gewiß keine so genaue Ausmessung der Strassen und des Verhältnisses ihrer Lage gegen das Beet worin der Necker fließet, gehabt hat.

q) Die zweite Haupt- und ehmalige Residenzstadt Heidelberg, in Goswin Widders geographischen Beschreibung der Kurpfalz. Mannheim in der neuen Hof- und akademischen Buchhandlung, 1. Band. S. 125 — 150.

Es war schon lange der geheime Wunsch meines Herzens, daß ein Mann, der auf einem Posten stehet, wo er unmittelbar aus den besten Quellen schöpfen kann, und die fürstliche Archiven zu benuzen fähig ist, und allen den duldsamen und ausharrenden Fleiß besizet, der dem Herrn Widder ganz eigen ist, eine solche Arbeit unternehmen möchte. Wie weit kann er nicht alle seine Vorgänger, die sich nicht in einer solchen Lage befunden, hinter sich zurücklassen? und das hat Herr Widder gewiß auch in seiner geographischen Beschreibung der Kurpfalz, auf eine sehr glükliche und ruhmvolle Weise gethan. Er wird gewiß in den meisten Stellen, was vorzüglich die ältere Geschichte des Landes und eines jeden Ortes insbesondere angehet, wenig Leser unbefriediget lassen. Es ist zwar nicht zu läugnen, daß bei aller dessen Vollständigkeit doch manche damit unzufrieden gewesen, daß zu wenig von der jezigen Beschaffenheit der Pfalz am Rhein, von ihrer landwirthschaftlichen Verfassung und dem Nahrungs- und Gewerbezustand der Einwohner darin zu finden. Allein dies lag wohl nicht so ganz mit in dem Plan des Herrn Verfassers, und man hat auch schon Schriften genug, welche, wenigstens von einzelnen Gegenden diesen Gegenstand ziemlich hinlänglich bearbeitet haben. Die Generaltabelle von 1784, und einigen folgenden Jahren, woraus der Herr Verf. in einem kurzen Auszug bei jedem Orte angezeigt, wie viel Einwohner darin vorhanden und wie viel Güter in dessen Feldmark liegen, giebt ohnehin dem Leser Stof an die Hand, sich einigen Begriff davon zu machen, und dieses hätte noch besser geschehen können, wenn zugleich aus eben diesen Tabellen von dem Viehstande etwas wäre bemerket worden; vielleicht finde ich auch Gelegenheit, wenn ich theilweise dieses wichtige Werk in dieser Bibliothek anzeige, zugleich der Schriften zu erwähnen, die allenfalls die Arbeit des Hrn. Verf. darin ergänzen können. Ueber die Beschreibung von Heidelberg will ich nur einige Bemerkungen anstellen, und die kleine Berichtigungen, welche dabei vorkommen, werden, wie ich hoffe, dem Manne, der von der historischen Genauigkeit einen so großen und richtigen Begriff hat, und den besten Beweis davon in seinen eignen Schriften aufgestellt, nicht mißfallen. 1) Der Fürstenbrunn befindet sich nicht, wie S. 133 stehet, vom Schlosse herabwärts auf

dem

dem Wege zu der Stadt, sondern bei dem Eingange in den Schloßgarten zur rechten Hand, und Kurfürst Carl Philipp ließ ihn 1731 einfassen; man hat aber nun auch einen neuen zweiten Fürstenbrunnen, dessen Quelle in dem Schloßgraben entdeckt worden und den der jezige Kurfürst 1767 hat einrichten laßen. 2) Die Reformirten besizen, außer den S. 136 angeführten Kirchen, auch eine besondere französische in dem Mönchhofe, worin alle Sonntage der Gottesdienst durch den ihr vorgesezten Prediger versehen wird. Der Pfalzgraf und Administrator Johann Casimir stiftete dieselbige den 9ten Jenner 1586, und den Stiftungsbrief findet man in einem großen Manuscriptenbuche, das auf der Kirchenrathskanzlei zu Heidelberg liegt, und manche schäzbare Urkunde enthält S. 897. 3) Was man S. 138 und 139 von dem Heidelberger Franziskaner Kloster liest, kann in etwas berichtiget werden, aus den 2 ersten Stücken des Magazins für Kirchenrecht und Kirchengeschichte. Leipz. 1778-79. 8. und zwar aus den Abhandlungen über den Minoritenorden, die unmittelbar aus den besten Quellen, nemlich aus Waddings Annalen bearbeitet sind. Z. B. S. 95 — 98. dieses Magazins stehet in den Noten ein chronologisches Verzeichniß der vorzüglichen Minoriten Konvente und Klariſſer Klöſter in Deutſchland, nach ihren Stiftungsjahren von

1221 — 1346, und darunter finde ich das von Heidelberg nicht. Es ist also wohl noch nicht entschieden, ob es wirklich 1248, wie auch Schannat behauptet, gestiftet worden; wenigstens muß es in den ersteren Zeiten nicht beträchtlich gewesen seyn, weil es in diesem Verzeichniß fehlet. Ich will zwar nicht läugnen, daß es alt, denn davon überzeuget mich das geographische Verzeichniß des Minoritenordens nach seinen Provinzen vom J. 1399, das in eben diesem Magazin S. 410-420 stehet, und wo unter der Rheinischen Kustodie folgende pfälzische Klöster befindlich, nemlich das zu Lautern, Oppenheim und Heidelberg. Lezteres ist aber nicht, wie H. W. meinet, in dem J. 1435 unter dem Pabst Eugen IV. in ein so genanntes Observantenkloster verwandelt worden; denn in eben diesem Magazin, S. 351 — 53. in der Note, stehet ein Verzeichniß der Konventen, welche aus bisherigen Minoriten in Observanten verwandelt worden, und da heißt es „das Konvent zu Heidelberg, das erste Observantenkonvent in Deutschland 1425„ 4) Bei der Beschreibung des Kapuziner Klosters S. 142 — 143. kann man vieles ergänzen aus des *P. Hierothei provincia fratrum minorum Capucinorum Rhenana, a fundationis suae primordiis, usque ad annum 1750.* Heid. 1750. 4. Nach diesem Werk kamen die Kapuziner 1629 in die Stadt, und erhielten von dem Bischofe zu Worms seinen in Heidelberg befindlichen Hof 1630 zur Wohnung; da sie 1649 auswandern mußten, so verweilten sie bis 1686 in Ladenburg, und bei ihrer Rückkehr legte der Kurfürst Philipp Wilhelm den 13ten Mai 1688 den ersten Grundstein zur Kirche, welche 1692 öffentlich eingeweihet wurde. 5) Das Kollegium der erloschenen Gesellschaft Jesu, das Seminarium Carolinum und die lateinische Schulen für die katholische Jugend S. 143 und 145. besizen nun die sogenannten Lazaristen, welche in der Pfalz fast alle die Stellen erhielten, denen die Jesuiten ehmals vorstunden. Von diesem Orden kam folgende Schrift heraus: Geschichtlicher Inhalt der Sazungen, Verrichtungen und Pflichten der Weltpriester, genennet die Versammlung der Predigtsendung, welche von dem heil. Vinzenz von Paulo errichtet worden ist. Mannheim 1781. 4. 6) Unter die merkwürdigen Gebäude S. 144. gehöret nun auch die neue ganz von Quatersteinen aufgestellte Neckerbrücke; sie ist 702 Schuh lang und 29 Schuh breit und wurde umständlich beschrieben in der Mannheimer Zeitung vom 18. Nov. 1786. Num. 138. S. 569. 7) Das ältere Universitätshaus, das ehmals mitten in der Stadt gestanden, S. 144. beschreibet umständlich Friedrich Lucan, im europ. Helikon. 4. Theil S. 364. Es war ein ansehnliches Ge-

bäude, das mit einem großen Hof umgeben war, und in dessen Mitte sich ein schöner Springbrunnen befand, und hatte von zween Seiten einen Eingang. 8) Die Neckerschule für die reformirte Jugend, S. 145. war schon vor dem Kurfürst Ott-Heinrich eine öffentliche Stadtschule, aber dieser Kurfürst vermehrte doch ihre Einkünfte. Mit dem lateinischen Gymnasium verband sie Friedrich der 3te, und dessen Plan führte der Administrator Johann Casimir vollends aus. Dieser ertheilte ihr erst die jezige Einrichtung. Er ließ eine besondere Verordnung darüber ausgehen und publizirte den Schülern die Geseze unter dem 21ten Dez. 1587, denn beide findet man in dem schon oben angeführten Manuscriptenbuche S. 445—461. 9) Der Fabrikenstatus zu Heidelberg, dessen H. W. S. 148 erwähnet, ist nicht vollständig genug, und vielleicht ist es manchem Leser nicht unangenehm, wenn ich ihn deswegen aus der Tabelle von 1786 hier berichtige und durch diesen Auszug ergänze. In eben diesem Jahre hat die Baumwollspinnerei beschäftiget . . . 100 Personen.
Die Grappfabrik . . . . . 34 — —
Die Papiertapetenfabrik . 13 — —
Die Puder- und Stärkfabrik 2 — —
Die Seidenkultur-Manufak. 397 — —
Die Wachs- und Unschlittfab. 17 — —
Die Wollentapetenfabrik . . 4 — —
Summa des Personale . 567 Personen.

10) Die Bevölkerung der Stadt sezt H. W. S. 33. aus der Tabelle von 1784 zu 1762 Familien an; in dem Jahre 1786 zählte man hingegen schon 1810, und wenn man hiemit die alte Bevölkerungsliste von 1720, die ich im Original von dem verstorbenen pfälzischen Kriegsrath Grael besize, vergleichet, als worauf der Stadt nur 1220 Familien zugeschrieben werden; so findet man, daß es ganz richtig, was der Verfasser der Abhandlung von der Beschaffenheit und neuern Geschichte der Unterpfalz, im 2ten Stück des deutschen Museums vom Jahre 1782. S. 416, behauptet: „Für Heidelberg war (nemlich die Verlegung der Residenz nach Mannheim) freilich ein Unglück, welches jedoch anfänglich größer schien, als es wirklich war. Diese Stadt hat eine so reizende Lage, so viele natürliche Vortheile, gesunde Luft, vortrefliches Wasser, Ueberfluß an Lebensmitteln, und ist auch wegen dem umgänglichen Wesen und guten Sitten ihrer Einwohner ein so anmuthiger Aufenthalt, daß es ihr nie an einer ihrem Umfange verhältnißmäßigen Volksmenge fehlen wird." Weil H. W. in seinem ganzem Werk des Schazungskapitals, das den Hauptstädten und den Oberämtern auf den Tabellen angesezt ist, nicht gedacht hat, und Grael auf seiner Liste solches von 1720 auch angegeben, so will ich hier dem Leser einen Auszug davon mittheilen und zwar im Verhältniß gegen die Tabellen von 1778 und 1779.

	Die rheinische Pfalz hatte an Familien.	Die rheinische Pfalz mußte an Schatzungs-Kapital verinteressiren.		
	1720 und 1779		1720 und 1778.	
Im		fl.		
Oberamte Alzei.	5200 —	8038	948840 —	1023737
Wacharach.	706 —	1106	92833 —	101051
Vorberg.	— —	—	— —	137858
Bretten.	1068 —	1996	130025 —	188078
Kreuzenach.	1929 —	3500	130000 —	341366
Heidelberg.	— —	9308	— —	802489
Lindenfels.	4215 —	778	610361 —	45244
Ladenburg.	533 —	1098	76000 —	85290
Germersheim.	2423 —	5326	436000 —	544151
Lauterecken.	304 —	877	16000 —	57753
Lautern.	1266 —	3616	145050 —	348851
Moßbach.	2226 —	4372	456051 —	443724
Neustadt.	2855 —	6557	459765 —	622691
Oppenheim.	1071 —	2309	142475 —	220877
Ozberg.	244 —	450	29420fl.25$\frac{1}{2}$kr.	45722
Simmern.	957 —	1980	206223 —	185934
Stromberg.	543 —	1009	100000 —	113774
Weldenz.	307 —	528	24000 —	53150
H.St.Mannheim.	1222 —	2207	— —	374890
H.St.Heidelberg.	1220 —	1417	— —	75450
H.St.Frankenthal.	329 —	693	— —	22727

Summa . 28618. — 57165. 4203048.— 5835827 fl.

Um diese Tabelle desto richtiger zu beurtheilen, muß ich bitten, folgendens dabei zu bemerken. a) Weil auf meiner Tabelle von 1778 nur die Feuerstädte und nicht die Familien angegeben sind, und auf der von 1779 das Schazungskapital nicht ausgeworfen ist; mußte ich die beide Tabellen von den lezteren Jahren mit der von 1720 verbinden. b) Vorberg hat Grael nicht in Anschlag gebracht, weil dieses Oberamt damals, und zwar von 1687 her, um 300000 fl. an den Fürstbischof von Würzburg verpfändet gewesen. Der jezige Kurfürst hat es erst wieder eingelöset. c) Bei der Schazung von 1720 waren die Aemter Hagenbach und Selz, die zu dem Oberamte Germersheim gehörten, und bei dem Oberamte Lautern noch das Gericht Kübelberg mit inbegriffen. Beide sind nun an das Herzogthum Zweibrücken vertauscht; hingegen enthielt zu der Zeit das Oberamt Heidelberg auch das Oberamt Lindenfels und die drei Hauptstädte hatten noch kein besonderes Schazungskapital festgesezt, sondern Mannheim gab jährlich 12000, Heidelberg auch 12000 und Frankenthal nur 3000 fl. d) Alle Oberämter sind, nach der Vermehrung der Familien, auch in ihrem Schazungskapital erhöhet, Simmern und Moßbach ausgenommen. Ich kann die Gründe davon nicht angeben; vielleicht haben etliche vogteiliche Oerter, besonders in dem

C 4

Oberamte Moßbach einen geringeren Ansaz in den neuern Zeiten erhalten. Grael behauptet dieses wenigstens von der Herrschaft Zwingenberg. e) In dem Jahre da dieser Mann seine Bevölkerungsliste aufsezte, ertrug das Schazungskapital auch nur 10 hernach 11½ Procent — und izt 12. Ueberhaupt waren die Einkünfte zu der Zeit viel geringer, besonders auch wegen dem geringen Preise der Früchten, und Gracl behauptet wirklich, an dem Ende seiner Bevölkerungsliste, daß die ganze Pfalz nur folgendes ertragen habe, nemlich:

an der Schazung . . . . 500 000.
an Kameralgefällen . . . 320 000.
an Administrationsgefällen . 117 222.
─────────────────────
937 222 fl.

Wenn man überlegt, daß zu eben dieser Zeit der Wein zu 25 — bis 30; das Korn zu 2; die Spelz zu 1 fl.; die Gerste zu 1 und der Haber zu 1 fl., auch darunter verkauft worden; so wird man ihm wohl in der Hauptsache Beifall geben müssen.

C.

Von physikalisch-ökonomischen Schriften über die Stadt Heidelberg.

a) Medicus (Fr. Kas.) Stadt- und Landwirthschaftliche Beobachtungen bei einer kleinen Reise gesammelt. In den Bemerkungen der Kurpf. ph. ök. Gesellschaft vom J. 1771. S. 210 — 242.

Was der Herr Verf. von der schönen Lage der Stadt, des Schlosses und dem mit den hangenden Gärten der alten ähnlichen Schloßgarten — ferner von dem berühmten Altarstücke in der Schloßkapelle, das die Taufe Christi in dem Jordan vorstellet, und nach seinem Urtheile von Schönians gemahlet ist, und von andern Gegenständen von der Art meldet, beweist, daß er mit dem wärmsten Gefühl für das Schöne in der Natur und der Kunst diese Gegend durchwandert hat, und verdienet gewiß den Beifall der Kenner. De Lüc sahe, nach seiner Reisebeschreibung, diese Gegend mit dem nemlichen Auge an, und wurde ganz Begeisterung, da er die Empfindungen beschrieben, welche ihn bei diesem Anblicke belebten. Er sagt, z. B. im 1ten Bande, nach der Uebersezung von Gehler, S. 570. „Der Anblick des großen Schloßhofes erregte in mir eine Art von Ehrfurcht. Er ist mit schönen Façaden vom erhabensten Geschmacke umringt, und ringsumher sind die Statuen der berühmtesten Prinzen des pfälzischen Hauses in Nischen aufgestellt. Dieser Anblick und die tiefe daselbst herrschende Stille thun eine ungemeine Wirkung. Al.. nichts kann dem Vergnügen gleichen, ..

welchem man überraschet wird, wenn man aus diesem einsamen Hofe auf einmal auf den äusern Wall übergeht, der noch sehr wohl erhalten ist. Hier übersicht man die ganze Stadt, den Fluß und das Thal, durch dessen Oeffnung die ganze vorliegende Pläne bis über Mannheim hinaus in die Augen fällt. Ueberhaupt ist die Mannichfaltigkeit der Aussichten in der Gegend dieses Schlosses bezaubernd. Man kann hier alle Abwechselungen von der verborgensten Einsamkeit in den beschatteten Vertiefungen des Hügels an, bis zu den belebtesten Scenen gegen die Stadt und den Fluß zu, antreffen. Zugleich war die Luft so heiter und still, daß sie bei uns alle die beruhigende Wirkungen der Bergluft hervorbrachte. „Wie beneidenswerth muß doch die Lage einer Stadt seyn, die solche Männer so stark rühren und so hinreissen kann? Doch Herr Medicus ist nicht allein bei dem Schönen stehen geblieben, sondern hat auch seinen Blick auf das Nuzbare gewendet; er lobt die Einwohner der Stadt über den fleissigen Anbau ihres Gebirges und über die besondere Dungart mit Ochsenklauen, welche sie auf ihren Bergwiesen angewendet haben, und tadelt nur, daß sie nicht bei dem Anbaue ihrer köstlichen Fruchtfelder auf der Ebene, eben so wirthschaftlich handeln, sondern den Dung noch an Auswärtige verkaufen, den sie doch mit dem reichsten Gewinn auf ihren eignen Fluren brauchen könnten. Deswegen ist, nach seinem Urtheile, der Ackerbau dieser Stadt, auch nicht so beträchtlich als er seyn könnte. Wenn Herr M. nun schriebe, so würde er vielleicht dieses Urtheil wiederrufen — dann seit der Zeit, als seine Abhandlung ans Licht kam, haben gar viele verständige Landwirthe (darunter Männer von Stande), diesen Fehler zu verbessern gesucht, und eben deswegen bei ihrem Feldbau vorzüglich ihr Augenmerk auf die Vermehrung und Veredelung ihres Viehstandes gelenket!

b) **Vom Seidenbau überhaupt. An den kurpfälzischen Landmann.** Heidelberg. 1778. 1 Bogen. 4.

Eine Rezension hievon stehet in den rhein. Beiträgen, vom J. 1778. 2. Band. S. 153. Der Verf. ist der Herr Hofkammerrath Rigal der jüngere, und sein älterer Herr Bruder hat dieselbige in den pfälzischen Landwirthschaftskalender vom J. 1787 eingerückt, und den Gegenstand selbst weiter ausgeführt in eben diesem Kalender von 1788. Es wäre überhaupt zu wünschen, daß die beide Männer den hier versprochenen Unterricht von der Seidenzucht, vollständig bearbeiteten, und ihn auf diese wohlfeile Art dem Publikum mittheilten. Johann Rezzonico, kurpfälz. Plantageninspektor, gab zwar schon einen solchen heraus unter dem Titel:

Practica, oder Art und Weis des Seidenbaues. Heidelb. 1762. 8. 120 Seiten; aber diese Schrift soll nach dem Urtheile der Kenner diesen Wunsch nicht unnöthig machen. Uebrigens mußte ich diese Schrift hier anführen, weil man doch daraus lernen kann, wie wolthätig die Heidelberger Seidenfbarik, für das Oberamt Heidelberg und die Gegend ist, indem darin manche Landleute schon in einem Jahre, 154 Gulden für gezogene Seide daraus gewonnen haben; die Gesellschaft, welche derselbigen vorstehet, hat aber auch große kurfürstliche Privilegien erhalten, die im Druck erschienen 1777 und erweitert 1778 in Folio.

c) *Sprengeri* (Phil. Steph.) *horti medici Heidelbergensis catalogus tam indigenarum quam exoticarum.* Heid. 1597.

Der Verf. ist der erste, welcher im Druck den Heidelberger botanischen Universitätsgarten beschrieben hat; nach ihm S. Franck, in der Schrift, die er unter dem Titel: *Ambarvalia Heidelbergensia.* Heid. 1687. 4. herausgegeben, und zulezt der jüngst verstorbene Herr Prof. Gattenhof, in dem bekannten schönen Werke: *Stirpes agri & horti Heidelbergensis.* Ibid. 1782. 8. wo in der Vorrede alle die Männer angeführet werden, die in der Pfalz sich um die Botanik verdient gemacht haben; unter den ältern: Heinrich **Smetius**; Hiernom. Bock; Jacob Theodor;

Lubert Lothius; Joh. Obsopäus; G. Marius; Mejer; Lucius und die beide G. Daniel und Wilhelm Bernhard Nebel; unter den neuern aber: von Necker, Pollich und Medicus, wozu man jezt noch den Herrn Prof. Succow rechnen kann.

D.

Von merkwürdigen Grabmälern in der Stadt Heidelberg.

a) *Adami* (Melch.) *apographum monumentorum Heidelbergensium.* Heid. 1612. 4.

Man findet nicht allein Grab — sondern auch noch andere merkwürdige Inschriften darin, z. B. von dem *Collegio Casimiriano*, dem *Auditorio Theologico*, dem Rathhause und dergleichen.

Von dem Leben und den Schriften des Verfassers hat man noch keine umständliche Beschreibung, und der Mann, der so vieler anderer Gelehrten Leben genau beschrieben, wäre doch gewiß eines geschickten Biographen würdig. Bayle erkennet das selbst in seinem kritischen Wörterbuche, wenn er sagt: „Es ist etwas schweres einen Scribenten zu vergessen, aus welchem man so oft verschiedene Artikel entlehnt. Ich, für meine Person, erkenne mich wegen seiner Arbeit sehr verbunden, und ich hätte ihm meine Dankbarkeit durch eine umständliche Beschreibung seines Lebens gerne bezeugen wollen; allein ich habe nirgends die Materialien dazu finden können." Möchte doch bald ein Pfälzer durch das Zeugniß dieses großen Mannes sich ermuntern lassen, diese Arbeit zu übernehmen.

b) *Andreae* (J. H.) *monumenta Heidelbergensia illustrata, emendata & continuata. Heid. 1773. 4. 20* Seiten.

Die neuere Grabschriften, womit der Herr Verf. den **Adami** vermehret, betreffen den **Ludwig Camerarius, Heinrich Smetius** und **Paul Hachenberg**, deren Leben hier zugleich durch einige litterarische Bemerkungen erläutert wird.

c) *Epitaphia Palatino - electoralia.* Mannh. *1767. 4.*

Der Verf. ist der im vorigen Jahre verstorbene Herr Eehegerichtsdirektor J. Fried. **Mieg**. Er fängt mit dem Kurfürsten **Ludwig** dem 1ten, der 1231 gestorben, an, und endigt mit **Carl Philipp**. Indessen findet man hier nicht von allen einzelnen Kurfürsten, wie sie in der Reihe aneinander folgten, Grabschriften, weil etliche davon dem Verf. unbekannt gewesen, und von einigen auch wahrscheinlich gar keine vorhanden sind; an deren statt hat er dann etwas aus ihrem

Lebenslaufe selbst erzählet. Die vollständigste Sammlung von allen pfälzischen Grab- und Inschriften hat ohne Zweifel Herr Schmedes, Registrator bei der geistlichen Administration zu Heidelberg aufgesezt, der sie vielleicht auch bald durch den Druck bekannt machen wird.

E.

Von den Schriften über den Ursprung verschiedener geistlichen Gebäuden in der Stadt Heidelberg.

Von dem alten Augustinerkloster, dem nachherigen Sapienzkollegium.

1) *Jubilaeus primus collegii sapientiae Heidelbergae celebratus. Perorante D. Quir. Reutero.* 1606. 4.

2) J. H. *Hottingeri oratio secularis de collegio sapientiae.* Heid. 1656. 4.

3) C. *Büttinghausen, oratio de fatis collegii sapientiae.* Ibid. 1756. 4.

Die erste Jubelrede von Reuter ist ausserordentlich selten, und doch diejenige, welche von dem alten Kloster das meiste enthält, und zugleich die eigentliche Stiftung aus den Akten erzählet. Kayser hat daher in seinem historischen Schauplaz, worin er der Geschichte dieses Klosters ein besonderes Kapitel gewiedmet, sich derselbigen am meisten bedienet. Die beide andere Jubelredner sind zu bekannt, als daß ich mich lange dabei verweilen sollte. Gottinger handelt ohnehin, in seinen Noten, die fast größer als der Text, mehr von der Stiftung der Universität als von dem Sapienzkollegium; und Büttinghausen beschreibet, nach seiner Ueberschrift, nur die merkwürdigsten Schicksale des lezteren.

4) Wundt (Daniel Ludwig) Geschichte des Augustinerklosters und nachherigen Sapienzkollegiums zu Heidelberg — in dessen Magazin für die Kirchen- und Gelehrtengeschichte des Kurfürstenthumes Pfalz. Band 1. S. 59—87.

Der würdige Verfasser bemerket in der Vorrede, daß ihm Reuter, Gottinger und Büttinghausen, die ihm vorgearbeitet, in dieser Geschichte wenig genüzet, weil sie nur als Redner geschrieben, denen mehr daran lag, die Verdienste der Fürsten um diese Stiftung zu erheben, als die Schicksale derselben historisch genau aufzuzeichnen. Wer, wie ich, die 3 erstere gelesen, und ihre Arbeit mit der von dem Verfasser verglichen, wird ihm wohl darin beistimmen; denn den eigentlichen Geist dieses wolthätigen Institutes, und vorzüglich dessen ökonomische Verfassung lernet man gewiß erst aus dieser Geschichte kennen.

Bei

Beides ist aus etlichen noch ganz unbenuzten Urkunden bearbeitet, nemlich aus dem Institutenbuche, das noch von den Zeiten des erhabenen Stifters übrig ist, und aus den Originalrechnungen der Oekonomen, die von Zeit zu Zeit dem Sapienzkollegium vorgesezet gewesen. Ich wünsche, daß in diesem Magazin nur mehrere von unseren pfälzischen Klöstern so, wie in diesem 1ten Bande, eben dieses alte Heidelberger Augustinerkloster und das Kloster Schönau, beschrieben werden möchten; denn wie wenig haben wir noch von der Art, wo die Erzählung für Geist und Herz so gleich interessant dargestellt wird? Freilich sind die Nachrichten, die man dazu brauchen kann, selten; aber immer giebts doch noch einige, besonders unter den Sammlungen verschiedener Kenner und Liebhaber der vaterländischen Geschichte und Litteratur, die man dabei vortreflich benuzen könnte; einer meiner verehrungswürdigsten Gönner hat z. B. in seiner schäzbaren seltnen pfälzischen Büchersammlung, von dem Stifte zum heil. Julian in der Oberamtsstadt Mosbach, ein Diplomatarium in Folio, das wohl des Druckes eben so würdig wäre, als des Gudenus Urkundensammlung von dem Kloster Schönau.

Von der Lutherischen Kirche.

1) Heylandt (Hisk. Eleasar) Grundstein der Lutherischen Kirche zu Heidel-

berg. d. i. gründliche Relation des ganzen Aktus, so den 18ten April 1659 gehalten worden. Heid. 4.

Der Verfasser war der Beichtvater der Raugräfin Louise von Degenfeld, und in Rüksicht auf dieses Amt findet man merkwürdige Nachrichten von ihm, in der neuesten Lebensgeschichte des Kurfürsten Karl Ludwigs S. 112. und von den Münzen, die bei dieser Gelegenheit geschlagen worden, handelt Exters Sammlung pfälz. Münzen. 1. Band. S. 124.

2) — — *Evangelische Kirchweypredigt*, über 2. Chron. VII. 12. Heid. 1661. 4. 24 Seit.

Sie wurde von Heylandt bei dem ersten Gottesdienste in dieser Kirche gehalten, und bei dem Drucke dem Kurfürsten Karl Ludwig zugeeignet.

F.

Von den Schriften über den Ursprung und Anbau verschiedener weltlichen Gebäuden in der Stadt Heidelberg.

Von dem Schloßgarten.

Hortus Palatinus a Friderico Rege Boemiae & E. P. Heidelbergae exstructus & de-

scriptus a Salomon. de Caus. Architecto. 1620. *Francof. apud Joh. Theod. de Bry.*

Herr Professor Nebel in Heidelberg besizet dieses seltne Werk. Es enthält eine Sammlung von 30 Kupferstichen, und eine kurze Beschreibung des neuen Gartens, woraus einen Auszug gemacht Kayser im historischen Schauplaz S. 33—36. Von dem durch den Bliz 1537 zerstörten alten Schloß hat man auch eine seltene Schrift, nemlich: *Jac. Mycilli narratio de ruina arcis Heid. in opere historiarum. Basil.* 1541. 8. Siehe Herrn Hummels neue Bibliothek. 3. Band. S. 310. Num. 7. Sonst sind mir von der Erbauung weder des alten noch des neuen Schloßes keine besondere Schriften bekannt; aber eine seltene Sammlung von Kupferstichen von dem Schloße sowohl als von der Stadt Heidelberg besizet Herr Pfarrer Beker in Heidelberg, die gewiß bei der topographischen Darstellung von beiden vortrefliche Dienste thun muß.

Von dem großen Faß auf dem Schloße.

Fama, mit dem allerneuesten Bericht, vom Ursprunge, bisherigen Zufällen, und dermaligem Befinden des weltberühmten großen Faßes. Heid. 1752. Fol. $3\frac{1}{2}$ Bogen.

Wie oft dieses Faß erneuert worden, erzählet umständlich Kayſer am angef. Orte. S. 26—31.

Von der Univerſität.

Inſcriptio primi lapidis pro nova domo Univ. Heid. poſiti. Heid. *1711.* 1 Bogen Folio.

Nebſt dem Namen des damals regierenden Pabſtes, Kaiſers und Kurfürſtens von der Pfalz Johann Wilhelm befindet ſich darauf der Name des Barons von Zilles‑heim, der in dem Namen des Kurfürſten den erſten Stein legte, und der ſämmtlichen damals zu Heidelberg geſtandenen Profeſſoren.

Von dem Seminarium.

1) *Sedente Romano Pontifice, Benedi‑ cto XIV. imperante Francisco I. ſeren. ac. potentiſſ. Pr. ac D. Carolus Theodorus — Seminarii hujus ad S. Carolum Borromeum dicti — primum lapidem manu clementiſſima ponere ſignabatur.* Die 8. Junii 1750. 1 Bogen Fol.

Dieſe Schrift iſt in den Grundſtein geleget, und von dem Herrn Pater Günther, dem die Aufſicht über den Bau anvertrauet war, aufgeſezt worden. Wozu das Gebäude nun gewiedmet iſt, kann man aus folgen‑

der Abhandlung lernen: Anzeige der Einrichtung und Verbesserungsanstalten im Karlischen Konvikte zu Heidelberg, bei den Weltpriestern der Sendungsversammlung (Der Lazaristen). Heid. 1782. 8. 40 Seiten.

2) Feierliche Freudensbezeugung einer löblichen Zimmerkunst, da dieselbige auf das neu errichtete Seminarium den Kranz aufgesteckt. Mannheim. 1750. 1 Bogen Fol.

Am 8ten Juni wurde der Grundstein gelegt, und den 19ten Nov. war der größte Theil des Baues schon zu seiner Vollkommenheit gebracht, wie noch auf dem Titel stehet.

Vom Rathhause.

1) *Exhortation* als am 17. Sept. 1701 der erste Stein an dem Rathhause zu Heidelberg gelegt worden. Heid. 4.

Wer den Aufsaz verfertiget, weiß ich nicht; aber von den bei dieser Gelegenheit geschlagenen Münzen handelt umständlich Exter am angef. Orte u. Band. S. 333. und den Titel der Schrift habe ich entlehnt aus dem Bücherkatalog des verstorbenen Herrn Regierungsrath Wund. S. 270.

2) Schells (J. G.) Oration, als am 13. Febr. 1703 die erste Seßion nach der

Zerstöhrung in der kurpf. Haupt- und Residenzstadt gehalten worden. Heid. 1703. 4.

Sie wird in dem nemlichen Katalog S. 270 angeführet; von den Münzen der durch die Franzosen zerstöhrten Pfalz und der Stadt Heidelberg insbesondere handelt Exter ebend. 1. B. S. 275 — 261.

Von dem Karlsthore.

Kurze Beschreibung der Feierlichkeiten, als Ihro kurfürstliche Durchlaucht zu Pfalz, Karl Theodor, den ersten Stein zu dem in Heidelberg neu zu erbauenden Karl Theodors Thore den 2ten Okt. 1775 legten. Heid. 4. 22 Seiten.

Herr Regierungsrath Sartorius, als Stadtdirektor, und der geistliche geheime Rath Herr Waldhard, als Dechand und Stadtpfarrer, hielten bei dieser Gelegenheit öffentliche Reden, welche beide in dieser Schrift abgedruckt sind. Es kam auch ein lateinisches Gedicht heraus unter dem Titel: *Porta Heidelbergensis Carolina dicta.* 8. Und ein deutsches liest man in der Schreibtafel. 5te Lieferung von 1776. S. 45.

§. 3.

Von der neuern dritten pfälzischen Hauptstadt Frankenthal.

A.

Von der Geschichte der Stadt.

1) Flad (Ph. W. L.) Ichnographia originum Francothaliensium. 1734. 4.

Nach einem Schreiben, womit mich der sel. Verf. unter dem 10. Jul. 1784. beehrte, enthält diese Schrift nur einen kurzen Entwurf von der Geschichte der Stadt, besonders von ihrem merkwürdigen Ursprunge, den er hernach in folgender, von ihm wirklich hinterlassenen Handschrift, völlig bearbeitet hat.

2) — — Aeltere und neuere Geschichte, und Beschreibung der Stadt Frankenthal. 4 Alphab. in Folio.

Der erste Theil handelt von der Geschichte des Klosters groß und klein Frankenthal, bis aufs Jahr 1562, und ist aus manchen noch nicht bekannten Urkunden sehr umständlich bearbeitet, und hernach von der Geschichte der nachmaligen Stadt bis auf 1772. In dem 2ten Theile aber hat der Herr Verf. sich vorzüglich mit der gelehrten Geschichte beschäftiget, und das Leben einiger, merkwürdiger Männer, die daselbst theils in Diensten gestanden, theils auch nur in der Stadt gebohren wurden, weitläufig beschrieben, und besonders der Frankenthaler Buchdruckerei und einigen daselbst gedrukten, izt sehr seltnen Bücher, das lezte Kapitel, nach der ihm eignen Vorliebe für alle pfälzische gelehrte Seltenheiten, gewiedmet. Ich wünsche, daß seine Herren Erben, wenn sie anders seine schöne Büchersammlung verkaufen wollen, diese sowohl als die übrige von ihm hinterlassene Handschriften einer öffentlichen pfälzischen Bibliothek überlassen möchten.

3) **Die Stadt Frankenthal**, in H. S. Widders geographischen Beschreibung der Kurpfalz. 2ter Band. S. 393-407.

Die genaue Nachricht, welche der Herr Verf. von der Errichtung und weiteren Ausbreitung der wallonischen Gemeinde, welcher die Stadt eigentlich ihr erstes Aufkommen zu verdanken hat, dem Publikum hier mitgetheilet, ist sehr schäzbar, weil sie aus einer Handschrift der kurfürstlichen Bibliothek entlehnet ist, und also freilich dasjenige, was einige pfälzische Geschicht- und Erdbeschreiber davon gemeldet haben, ergänzen kann. Uebrigens bemerke ich bei dem Ganzen noch folgendes. 1) Die S. 398 angeführte **Kapitulation** ist den 13ten Juni 1562 unterschrieben, und wurde von dem Kurfürst **Friedrich III** erweitert und beſtättiget 1573; der Pfalzgraf und Adminiſtrator Joh. Kaſimir ertheilte aber der Stadt neue Privilegien 1572 und 1582 und dieſe beſtättigte der Kurfürſt Phil. Wilhelm 1686, denn davon ſämmtlich hat man getreue Abſchriften in dem oben angeführten Manuſcriptenbuche. Von andern gedruckten Privilegien ſind mir noch bekannt: a) von dem Kurf. Johann Wilhelm d. d. Düſſeldorf unter dem 8. Mai 1699. gedruckt zu Hanau, 3 Bogen in Follo. b) Von dem jezigen Kurfürſt d. d. Mannheim 1745. 4. 30 Seiten. c) D. d. Schwezingen. 2. Mai 1771. in der kurzen Vorſtellung der pfälziſchen Induſtrie. S. 79—107. 2) Von den Frankenthaler Fabriken S. 404. ſind in dem beſten Flor und beſchäftigen auch die meiſten Menſchen die Porcellan- die Wollentuch- und Zeug- die Gold- und Silberdrath- die Schnallenherzer- und die Eßigfabrik. 3) Zu dem beſſern Aufkommen der Stadt, deren Status aus der Generaltabelle von 1785, S. 404. aufgeſtellt wird, hat nicht wenig beigetragen, die Errichtung des Fruchtmarktes, als wodurch gar viele Fremde wöchentlich dahingezogen, und Nahrung und Gewerbe nicht wenig empor gebracht werden. Wie ſtark derſelbige beſucht wird, kann man wohl am beſten aus dieſer kleinen Tabelle erſehen.

In dem Jahre 1781 wurden verkauft an
  Früchten . . . . . 80408 Mltr.
und daraus wurde erlöst . 256368 fl. 34 kr.
dazu lieferten die Fremde . 9979 Mltr.
und erlösten daraus . . 30147 fl. 37 kr.
die Pfälzer aber lieferten . 70429 Mltr.
und erlösten daraus . . 226220 fl. 57 kr.
In dem Jahre 1785 war der Verkauf noch stärker, und belief sich auf 91303 Malter an Früchten, daraus man 375742 Gulden und 58 Kreuzer löste. 4) Von dem **Kapuziher-Kloster** S. 405. handelt umständlich *Hierotheus in Provincia Rhenana*, pag. 13, 14. In dem Jahre 1698 wurde das Hospitium errichtet, nebst einer kleinen Kapelle und mit zwei Vätern und einem Bruder besezet; 1717 erhöhete man aber daßelbige in ein ordentliches Konvent und Quardianat und weihte die dazu erbaute Kirche ein den 28. Oktob. 1718. 5) Bei der **Evang. Lutherischen Kirche** S. 405. ist zu merken, daß die Augspurgischen Konfeßionsverwandten im Monate Jenner 1686. erst die freie öffentliche Religionsübung in der Stadt erhielten. Sie erwählten sich gleich darauf einen Prediger, Namens J. Georg Schröder von Gerolsheim, und brachten den 1706 angefangenen Kirchenbau den 24. Aug. 1712 zu Stande. 6) Das **Wappen** und **Siegel der Stadt**, S. 406. ist eigentlich nach einer noch unten anzuführenden seltenen Druckschrift, ein goldenes Dreieck in

blutrothem Felde, mit der Inschrift: Gott ist unser Eckstein, und der pfälzische Löwe, der mit einem Fuß dieses Dreieck berühret, und mit dem andern den Reichsapfel hält, zum ewigen Denkmal des Schuzes, den der Kurfürst, Friedrich der 3te, den Wallonen zu Frankenthal verliehen hat, und der ihnen gnädigst geschenkten Freiheiten. 7) Den blühenden Zustand der Stadt vor dem 30jährigen Kriege rühmet auch Herr Spieß in den neuen Beiträgen zur Geschichte und Münzwissenschaft. 1 St. Nürnberg. 1782. 8. und von der Seltenheit der daselbst gedruckten Bücher zeuget der sel. Büttinghausen im 1. Band seiner Beiträge S. 176.

4) Ackermanns (Johann Peter, Katholischen Kapellan zu Frankenthal) historische Rede, von den ehemaligen Schiksalen und dem jezigen blühenden Zustande der dritten kurpfälzischen Hauptstadt Frankenthal, daselbst gedruckt bei Gegels Wittwe 1788. 4. 71 Seiten.

Der Herr Verfasser ist beständiger Sekretär der Frankenthaler Lesegesellschaft, welche den 29. August 1785 errichtet wurde, und durch ihre Sorgfalt für die Ausbreitung der Litteratur und Bildung des Geschmackes dem edelsten Theile der Einwohner dieser Stadt in der That Ehre macht. Diese Rede wurde von ihm in eben dieser Gesellschaft öffentlich vorgelesen den 27ten Novemb. 1788. Denn an diesem Tage feierte man das Frst, welches zum Theil die traurige Schicksale in Erinnerung bringen sollte, die eben diese gute Stadt vor hundert Jahren durch die völlige Zerstöhrung und Einäscherung durch die Franzosen erdulden mußte; anderntheils aber auch dazu gewiedmet war, die großen Wolthaten öffentlich zu rühmen, wodurch sich Karl Theodor um Frankenthal unsterblich verdient gemacht hat: daher werden in dieser Rede auch folgende drei Fragen erörtert:

a) Was war Frankenthal vor den mehrmaligen Kriegen, mit denen es überfallen wurde?

b) Was ist es durch den lezten Brand geworden?

c) Was ist es unter der glüklichen Regierung Karl Theodors?

Der Stof zu der Bearbeitung der Rede selbst ist, wie auch auf dem Titel bemerket wird, zum größten Theile aus der städtischen Registratur entlehnet, und enthält in denen daraus verfertigten Auszügen, welche wörtlich in den Noten angebracht sind, viele schäzbare Beiträge zu der genaueren vaterländischen Topographie. Ich will dieselbige hier bemerken, und den, der Muth und Kraft genug bei sich fühlet; in der Zukunft die Topographie dieser Stadt zu bearbeiten, wenigstens aufmerksam darauf machen, weil einzelne kleine Schriften von der Art sich doch leicht verliehren. 1) Die Fortification der Stadt ist nach S. 11. Not. f. schon im Jahre 1600, und nicht wie H. Widder annimmt, erst 1608, angefangen worden; in dem Jahre 1620 wurde sie aber erweitert, und von dem Pfalzgrafen Johannes, als Administrator, in Abwesenheit Friedrichs des 5ten, hierzu 50000 Gulden angewiesen. 2) Der alte Kanal, den die Wallonen in Frankenthal angelegt, hatte nach S. 20. Not. e. einen ganz andern Lauf als der neue und gieng theils durch das fürstlich Wormsische, theils durch das gräfl. Nassau-Saarbrückische Gebiet, daher der Pfalzgraf Administrator Johann Kasimir hierüber einen besondern Vergleich errichtet, mit diesen beiden Fürsten, der unterzeichnet worden, auf seinem Schloße zu Friedelsheim den 24ten April 1580. 3) Was der Verfasser der kurzen Vorstellung der pfälzischen Industrie S. 115 annimmt, nemlich, daß in Frankenthal vor dem 30jährigen Krieg 1800 Bürger gewesen, größtentheils Fabrikanten und Künstler, ohne einmal diejenigen zu rechnen, welche sich von dem Ackerbaue ernährten, wird mit guten Gründen S. 22. Not. f. widerlegt; es waren zu der Zeit sehr wahrscheinlich nur 800 Bürger in der Stadt, die sich in dem Jahre 1634 bis auf 324 verringerten: aber daß die Unterthanen vor dem Ausbruche dieses Krieges sehr reiche Personen unter sich gehabt, ist nicht zu läugnen, weil einige davon dem unglücklichen Böhmischen König 100000 Gulden 1621 vorgeschossen. Für die Interessen wurden die Stadtgefälle angewiesen, und unter dem 25ten Jun. 1623 verpflichtete er sich, bei eingetrettenem Frieden, die Schuld wieder abzutragen und ihre Privilegien dafür zu vermehren. 4) Die Erhebung Frankenthals zur dritten Pfälzischen Hauptstadt wurde nicht, wie Herr Widder behauptet, unter dem Kurfürsten Karl Philipp, sondern nach S. 27. Not. i. schon unter dem lezten reformirten Kurfürsten Karl vorgenommen, und die beßfalls ausgestellte Urkunde ist unterzeichnet, Heidelberg den 4ten Sept. 1682. 5) Bei der Zerstöhrung der Stadt, 1688. flohen die meisten Einwohner, nach S. 31. Not. m. nach Hanau, und die Rathsherren besorgten von da aus, mit dem wärmsten Patriotismus, die städtische Angelegenheiten, welches der Verfasser aus einer stadträthlichen Urkunde beweiset, die sich mit dem merkwürdigen Ausdrucke endigt: Hanau in der Neustatt im *Exilio* den ersten Merz, 1698. Sie schäzten den Schaden, den Frankenthal durch die Zerstöhrung erlitten, in einem Schreiben an die Kurfürstliche Landesregierung d. d. Hanau den 28. Mai 1697. (ohne einmal die zerstörte herrschaftliche Gebäude dabei in Anschlag zu bringen) auf eine Million, drei hundert zwei und zwanzig tausend, ein hundert und vier und fünfzig Gulden und sechs und vierzig Kreuzer. Den 11ten Junius 1698 wurde in Frankenthal wieder die erste stadträthliche Seßion gehalten. 6) Auf dem Fruchtmarkte, der unter dem besondern Schuze seiner jezt regierenden kurfürstlichen Durchlaucht 1771 errichtet worden, sind, von dem 13ten September dieses Jahres, bis auf den Schluß des Jahres 1787, nach S. 57. Not. q. eine Million, zwei hundert vier und neunzig tausend, drei hundert, ein und neunzig Malter Früchten verkauft und dafür 4 Millionen, 7 hundert und 1 tausend, 2 hundert und 91 Gulden, und 40 Kreuzer erlöst worden. Es waren schon Markttäge an denen über 4000 Malter Früchten zum Verkauf aufgebotten waren. 7) Nebst dem neuen Hospitale hat die Stadt, nach S. 60—62. Not. t. und v. auch ihrem jezigen gütigen und wolthätigen Landesfürsten, zwei besondere Armenanstalten zu verdanken, die beide sehr vortreflich eingerichtet sind. Die erstere ist mit dem Hospitale verbunden, und der erhabene Stifter schenkte derselbigen das in etlichen hundert Morgen bestehende Feld des Stadtwalles, und da dieser Stadtwall eigentlich ein Domainialgut, so stellte er dafür andere aus laufenden Kameralgefällen im Oberamte Heidelberg und Mosbach erkaufte Höfe in den Plaz, und verordnete außerdem, nach einem gnädigsten Rescript vom J. 1772, daß jährlich zugleich 200 Gulden an Geld für Arznei und 10 Mäße Holz für arme Kranke dabei verwendet werden sollten; bei der andern werden aber durch das seit 1774 erwählte Armenamt jährlich 900 fl. unter die Hausarmen der verschiedenen Religionsverwandten ausgetheilet. Man siehet hieraus wie wohl der Verfasser die städtische Registratur benuzet hat. Ueber seine Verdienste als Redner will ich hier übrigens nicht urtheilen; aber das muß ich noch bemerken, daß er aus einem Gedächtnißfehler S. 11. den Kurfürsten Friedrich den 3ten mit dem 4ten verwechselt hat, indem der erstere in dem J. 1600 längst gestorben war, als der leztere Frankenthal zu einer Festung anlegte.

Von besonderen Schriften über den ökonomischen Zustand der Stadt ist mir, außerdem was der würdige Verfasser davon meldet und was in der bekannten kurzen Vorstellung der pfälzischen Industrie stehet, nichts bekannt.

B.

B.

Von den Schriften über den Ursprung verschiedener geistlichen Gebäude in der Stadt Frankenthal.

Alte Wallonische Kirche.

Memoire sur l'Etat des Wallons de Frankenthal. 1778. 1 Bogen in Folio.

Es wurde der Holländischen Synode zu Tholen übereicht und ist in dem ersten Stücke dieser Bibliothek schon beurtheilet. Nach demselbigen hatten die Fremdlinge, welche Friedrich der 3te zu Frankenthal aufnahm, verschiedene Mundarten. Ein Theil sprach Wallonisch und der andere Flammandisch; beiden wurden also auch verschiedene Bethäuser oder Kirchen angewiesen, und die leztern hatten von der alten Augustinerkirche das Langhaus im Besiz. Herr Pfarrer Boehm behauptet in seiner wahrhaften Erzählung der Kirchhofssache zu Frankenthal, (pfälz. Museum. 7. Heft S. 689) worin er die Geschichte der Intolleranz im 5ten Hefte dieses Museums so meisterhaft aus Akten widerlegt hat, daß manches in diesem Memoire in einem ganz falschen Gesichtspunkte dargestellet worden, und verspricht zu seiner Zeit darüber das Publikum eines bessern zu belehren. Ich wünsche, daß er dieses Versprechen bald erfüllen möchte, denn, obgleich solche kleine Streitschriften manchem nicht angenehm, so sind sie doch für die Wahrheit der Geschichte wichtig, weil die kleinste Begebenheit, welche dadurch glüklich erörtert wird, imer für den Geschichtschreiber ein schäzbarer Beitrag bleibt. Von dem Memoire hat man auch im 2ten Hefte des pfälz. Museums S. 190—209. einen Auszug in deutscher Sprache, unter dem Titel: *Anzeige einer merkwürdigen Druckschrift*, mit einigen von dem Uebersezer in den Noten darüber angestellten Bemerkungen: aber wie unglücklich die leztere ausgefallen, belehret den Verfasser durch ein sehr in die Augen fallendes Beispiel, F. P. W. *Etwas weniges von Bernhard, dem Stifter eines sehr beträchtlichen Stipendiums zu Utrecht, zum besten der jungen reformirten Pfälzer, die Theologie studieren wollen*, im 3ten Hefte des pfalzbaierischen Museums. S. 270—284.

Katholische Kirchen.

1) *Reuter* (Phil.) *Oratio in annum saecularem 1785. Frankenthalii.* 4. 16 Seiten.

Der Herr Verf. ist der jezige katholische Stadtpfarrer und Dechant in Frankenthal. Er hielt es für eine erwünschte Gelegenheit durch diese Rede das 1785ger Jahr, als das

Jubeljahr der seit 100 Jahren in der Stadt wieder eingeführten katholischen Religion zu feiern, und gedenket dabei mit vielen Lobeserhebungen der Geistlichen, welche in dieser Zeit an der katholischen Kirche gestanden und vorzüglich den 1709 angefangenen und 1730 vollendeten Bau der neuen Pfarrkirche befördert haben, worunter der erste Prediger der Gemeinde, **Johann Christoph Grinninger** als der vornehmste gepriesen wird. Ein Ungenannter, der aber doch, wie aus seinem Aufsaze erhellet, aus alten Akten und Urkunden viele besondere Nachrichten von der Stadt Frankenthal in Händen haben muß, hat im 4ten Bande des deutschen Zuschauers eben dieses Grinningers Charakter in einem ganz andern Licht dargestellet, und die Rede überhaupt scharf rezensiret. Ob Herr Dechant sich dagegen vertheidiget, ist mir unbekannt; übrigens ist die Rede immer, wegen den speziellen Nachrichten von dem katholischen Kirchenbau in den Noten, ein historisches Dokument.

2) **Geschichte der kleinen Kapelle, die zwischen Worms und Frankenthal auf dem Felde stehet.**

In den rheinischen Beiträgen vom J. 1781. 1 Band. S. 528—538.

Der Verfasser ist der jüngere Herr Kobel, der für die Bearbeitung dieses Stückes von der kurpf. deutschen Gesellschaft eine Denkmünze erhielt.

C.

Von den Schriften über den Ursprung verschiedener weltlichen Gebäude in der Stadt Frankenthal.

Erziehungshaus.

Göckings Journal von und für Deutschland 2tes Stück. S. 120—124.

Das Erziehungshaus, welches hier genau beschrieben wird, ist blos dem weiblichen Geschlechte gewiedmet. Der jezige Kurfürst, welchem diese Stadt so viel zu verdanken hat, schenkte dem Institute die Wohnung und giebt zur Unterhaltung jährlich 1400 fl. und das zum Brand nöthige Holz her. Bei der Errichtung desselbigen wurde auch eine besondere Nachricht davon, in deutscher und französischer Sprache, in einem gedruckten Bogen in Folio, unter das Publikum ausgetheilet. Die Deutsche hat folgende Ueberschrift: Nachricht an das Publikum, von einem Erziehungshause für Frauenzimmer reformirter Religion, welches Madame L'Ecuger, Patrizierin von Neufchatel zu Frankenthal errichtet. Vom 25ten Februar, 1780. Man war diese Zeit über bemühet, daßelbige immer mehr zu vervollkommen, wie aus folgender Schrift zu ersehen. Policeiordnung für das kurfürstliche Erziehungshaus zu Frankenthal, verbessert und herausgegeben im Jahre 1786, von Seiten der kurfürstlichen für dieses Institut ernannten Commißion. 1 Bogen in Fol. Die gegenwärtige Vorsteherin ist Mad. Pertram, und dieses Erziehungshaus ist nicht mehr allein den Protestantischen, sondern auch jezt den Katholischen Zöglingen geöfnet.

Fünftes Kapitel.

Von den Schriften über die Oberämter jenseit des Rheins, Heidelberg, Ladenburg, Lindenfels, Ozberg, Umstatt, Boxberg, Mosbach und Bretten.

§ 1.

Von dem Oberamte Heidelberg.

A.

Von den Schriften, welche die Geschichte des Oberamtes Heidelberg erläutern.

1) *Cullman* (Joh. Otto) *spicilegium praecipuorum monumentorum Romano- Palatinorum.*

Diese Abhandlung ist eigentlich ein Anhang zu des Verf. Dissertation: *de pontificatu Romanorum imperatorum maximo solo honoris titulo fulgente.* Heid. 1764. 4. Die Erläuterung der Pfälzischen Alterthümer stehet S. 85 — 104. Es sind zwei artige Kupfertafeln dabei, auf welchen die von ihm beschriebene alte Steine mit ihren Inschriften abgebildet sind. Sie wurden schon längst auf dem heiligen Berge bei Heidelberg und zu Ladenburg entdeckt, und sind freilich mit der sicherste Beweis, daß die alten Römer ehemals auch an dem Neckerstrome sich aufgehalten haben; der gelehrte Verfasser hat sich auch durch andere Schriften um die vaterländische Geschichte verdient gemacht, und über die wichtige Fragen: welche alte Völker wohl vor und zu den Zeiten der Römer die rheinische Pfalz bewohnet haben? bei der Mannheimer Akademie der Wissenschaften den Preis davon getragen. S. Acta acad. Pal. tom. I. pag. 16.

2) *Lameii* (Andr.) *Dissertatio ad lapides quosdam Romanos inventos ad Neccarum. in actis acad. pal. tom. 1. pag. 193 — 215.*

Der Herr Verf. berichtiget nicht allein den so eben angeführten H. Kullmann, sondern auch die ältere Pfälzische Gelehrten, Freher, Gruter und Berger, welche einige von eben diesen Inschriften zu erklären sich bemühet, und zwar nach dem Urtheile der Kenner auf eine sehr vortrefliche Art. Seine Abbildungen in Kupfer sollen auch die genaueste seyn.

3) *Haeffelin* (Caf.) *de sepulcris Romanis in agro Schwezingano. Ibid. tom. IV. historico. pag. 52 — 80.*

Diese Römische Gräber wurden in dem Jahre 1765 entdeckt, nach dem schönen Denkmale, das der jezige Kurfürst auf dem Plaze, wo man sie gefunden, hat aufrichten laſſen, und das auch der H. Verf. anführet S. 61. Not. y. Von der Abhandlung ſelbſt findet man einen Auszug in den rheiniſchen Beiträgen vom J. 1777. S. 87—92.

4) *Wreden* (Ferd. Ioſ.) *gemma juris Palatini, five tractatio exegetica, in amicam compoſitionem, quae ab anno 1560. Electorali domui Palatinae cum variis Greichgoviae nobilibus* (Voigdls Junckern appellari amant) *ratione jurisdictionis &c. velut norma perpetuo valitura intercedit.*

Dieſe wichtige Schrift, worin einer der größten Vorzügen des Kurhauſes Pfalz, nach dem Urtheile der Kenner, eben ſo gründlich als männlich entwickelt und erläutert wird, ſtehet in des berühmten Heidelberger Rechtsgelehrten Franz Alefs opuſculis. Heid. 1753. 4. S. 787—896, und der Verfaſſer iſt der jezige Herr Geheimerath und Landſchreiber zu Heidelberg Wreden. Den eigentlichen Zentvertrag zwiſchen dem Kurfürſten von der Pfalz, Friedrich dem 3ten, und den Edelleuten aus dem Kraichgau vom J. 1560, als woraus die Landeshoheit und alle übrige Gerechtſame des Kurhauſes Pfalz in den iz dem Oberamte Heidelberg gelegenen vogteiligen Oertern ſo unwiderſprechlich bewieſen werden können, hat er mit ſeinen Erklärungen aufgeſtellt S. 788—865; hernach handelt er in einem Anhange von andern Gerechtsamen dieses Kurhauses in den nemlichen Dörfern, deren zwar in dem Vertrage nicht ausdrücklich gedacht wird, die aber doch theils daraus fließen, theils auch durch andere Rechtsgründe hier dem Leser zur Genüge bewiesen, und in der Ordnung, wie sie natürlich aufeinander folgen müssen, vorgeleget werden; endlich sind zwei schäzbare Urkunden beigefüget, welche dieses alles bestättigen, nemlich S. 877—896. Das Weisthum der Stüber oder Reichartshäuser, und der Meckesheimer oder Neckargemünder Zenth. Man hat auch aus der neuern Zeit eine Schrift, worin aus alten Urkunden diese von dem Hrn. Verf. aufgestellte Säze sehr schön erläutert werden — des Herrn geheimen Rath von Günthers Etwas vom Verhältnisse des Adels im Kreichgau gegen die Kurpfalz. Mannheim 1782. 8; und aus beiden kann man vermehren und berichtigen Mosers Pfälzisches Staatsrecht. S. 241. §. 17.

5) *Andreas* (J. H.) memorabilia quædam *Stratae montanae*. Heid. 1772. 4.

Man findet hier, wie in allen Programmen des Hrn. Verf. über diese oder jene Pfälzische Gegenden, sehr viele schäzbare Beiträge zu der vaterländischen Topographie; und dieses war auch wohl seine vornehmste Absicht, da er diese Arbeit unternommen; denn wenn er selbst im Sinn gehabt hätte, die ganze rheinische Pfalz zu beschreiben, so würde er gewiß die deutsche Sprache dazu erwählet, und dem Ganzen auch eine andere Form ertheilet haben. Bei der Beschreibung der Bergstrasse hat er den Anfang gemacht mit dem bekannten Kloster Neuburg über Heidelberg, und mit der Geschichte der Stadt Weinheim geendiget, und also die schöne Dörfer, die noch unter dieser Stadt liegen (nemlich Laudenbach, Hemsbach und Sulzbach, die auch zur Bergstrasse gehören) völlig übergangen. Da die litterarische Geschichte dessen Lieblingsstudium, und diese in Rücksicht auf die Pfalz ihm auch schon manche glückliche Entdeckung zu verdanken hat, so beschließt er seine Arbeiten meistentheils damit, wie in diesem Program, wo er kürzlich das Leben von folgenden Gelehrten beschreibet, nemlich von Friedrich Orthlep, Ernst Andreä, J. Jac. Petiskus, und J. Hulbrich Heyden. Abraham Scultet, der so merkwürdig durch seine Schicksalen sowohl als durch seine Schriften ist, könte diesen beigefüget werden; denn er lebte einige Zeit zu Schriesheim als reformirter Prediger, und rechnete die daselbst zugebrachte Täge unter die vergnügteste seines Lebens. Siehe die von ihm aufgesezte eigene Biographie in *Gerdes* miscellaneis Groning. Tom. VII. part. 2. pag. 222.

6) *Andreas* (J. H.) *Weinhemium Palatinum, in Strata montana illustratum.* Heid. 1779. 4. 47 Seiten.

Der Herr Verf. führet darin weitläufig aus, was er in dem vorhergehenden Program von der Stadt **Weinheim** nur kürzlich berührte. Er hat sich dabei verschiedener Handschriften bedienet, und unter andern der **geschriebenen Weinheimer Ordnungen**, woraus er gar artige Nachrichten entlehnet, welche uns die Pfälzische Städteverfassung gleich vor und nach dem 30jährigen Kriege zu erkennen geben; die Gelehrten, deren er zuvor nicht gedachte und deren Leben er hier zuerst beschreibet, sind: **Paul Wirz; Wilhelm Zugen; Johannes Orpheus** und **Arnold Mieg.**

7) **Das Oberamt Heidelberg in G. Widders geographischer Beschreibung der Kurpfalz. 1. Band. S. 78 — 446.**

Da der Herr Verfasser der Beschreibung dieses Oberamtes, auch die, im geographischen Sinn, in dessen Bezirk gelegene beide Pfälzische Hauptstädte, Mannheim und Heidelberg eingerückt hat, so nimmt dieselbige fast den ganzen ersten Band seines Werkes ein, und man kann also leicht daraus schliessen, wie umständlich hier alles beschrieben wird. Indessen finde ich doch nöthig, einiges dabei zu erinnern. 1) Der Bierhelder Hof S. 153. gehörte ehemals dem Oswald Schmiend, welcher der Tochtermann des großen Pfälzischen Litterators, Janus Gruterus war. Lezterer brachte auch die lezten Tage seines Lebens darauf zu, und starb daselbst den 20ten Okt. 1627. 2) Das Dorf Reilingen S. 184. hat seinen größeren Anbau den Französischen Flüchtlingen zu verdanken. Sie wurden von dem lezten reformirten Kurfürsten Karl aufgenommen, und die mit ihnen unter dem 4. Mai 1685 errichtete Kapitulation befindet sich in dem schon öfters angezogenen Manuscriptenbuche S. 764 — 769. 3) Bei Schwezingen S. 193. erzählet H. W. aus Kaysers Schauplaz, daß der Kurfürst Karl Ludwig sich den 14ten April 1657 in dem dasigen Schlosse mit der Baronesse von Degenfeld habe trauen lassen. Der Verfasser des Versuchs der Geschichte des Lebens und der Regierung K. L. sezet S. 113. hingegen diese Trauung erst auf den 15. Jenner 1658, und behauptet auch, daß sie nicht zu Schwezingen, sondern zu Frankenthal vollzogen worden. 4) Die Französische Kolonisten, welche Friedrichsfeld angebauet, ließen sich nicht, wie H. W. S. 217 meldet, 1684 daselbst nieder, sondern schon zwei Jahre zuvor, dann die ihnen vom Kurfürst Karl ertheilte Konceßion ist den 2ten Okt. 1682 unterzeichnet, und nach dem 4ten §.

derselbigen hatten sie die ihnen zum Eigenthum angewiesene Güter auch nur in einem zehenjährigen, von der Schazung befreiten Genuß. 5) Die Residenz für einige Mönche des Augustinerordens zu Wißloch, von welcher H. W. S. 235 weiter nichts schreibet, als daß sie auf den Plaz des alten Schlosses erbauet worden, hat wo nicht ihre Stiftung doch ihr mehreres Einkommen, den Geschenken und Vermächtnissen zwei katholischer Prediger von Waltdorf, Namens Stumpf und Hartbard zu verdanken, besonders dem ersten, der dazu sein ganzes ansehnliches Vermögen wiedmete. Die Augustiner, welche nun 7 Väter und 2 Brüder da haben, erhielten darauf die kurfürstl. Erlaubniß sich in der Stadt niederzulassen 1738, und erbauten das Hospitium und die Kirche 1744. Der erste Prior war der Vater Anselmus Gropp, der durch seine Thätigkeit bei der Errichtung der Residenz diese Stelle verdiente. 6) Das Kloster Neuburg ist freilich, wie Herr W. S. 248. bemerket, von dem Kurf. Johann Wilhelm den Jesuiten 1706 übertragen worden; aber sein Nachfolger in der Kur, Karl Philipp, erkannte doch in einem Rescript von 18. Sept. 1721. daß die geistliche Administration, welcher man dasselbige entzogen hatte, wenigstens eine kleine jährliche Vergütung, nemlich zu 1477 fl. $7\frac{1}{2}$ kr. und zwar von 1706 an, empfangen sollte.

Er ertheilte auch den Befehl, daß zur Erleich⸗
terung dieser Abgabe immer mit dem verflos⸗
senen laufenden Jahre, ein alter Jahrgang
abgetragen werden sollte. 7) Die lezte Aeb⸗
tißin dieses Klosters, war nicht, wie H. W.
S. 248 annimmt, Sabina, eine gebohrne
Pfalzgräfin von Zweibrücken, sondern viel⸗
mehr Brigitta, die Tochter des Herzogs von
Simmern, Johannes 2, und die Schwester
des Kurf. von der Pfalz Friedrichs des 3ten.
Siehe *Andreae* memorabila Stratæ mon⸗
tanæ. §. 7. pag. 9. Sie wurde erwählt
1552 und starb 1562. 8) Ueberhaupt muß
die merkwürdige Neuburger Klostergeschichte
wie sie H. W. S. 246—249 aufgestellt hat,
sehr aus andern Pfälzischen Geschichtschrei⸗
bern, in Rücksicht auf die neuern Zeiten ver⸗
mehret und berichtiget werden, vorzüglich aus
den Beilagen S. 82 — 104. die dem Ver⸗
suche des Lebens und der Regierung des
Kurf. Karl Ludwigs beigefüget sind. 9)
Bei Schriesheim S. 267 meldet H. W.
nichts von dem Vitriolwerk, welches gleich
hinter dem Flecken, zur linken Seite, gegen
den Mühlen über, am Bräuingsberge liegt.
Es wurde schon in älteren Zeiten getrieben,
denn man hat bei dem neueren Anbau ge⸗
funden, daß zu einer Zeit der Vitriolkies dar⸗
aus genommen worden, wo noch kein Spreng⸗
pulver beim Bergbaue bekannt war. Im
Jahre 1782 entdeckte es ein Sächsischer Berg⸗

mann, Namens **Eugen Gottlob Schul-meister**, und sammelte eine Gewerkschaft dazu, wovon der eine Theil wirklich aus Pfälzischen Unterthanen und der andere aus Frankfurter Kaufleuten bestehet. 1782 erhielt sie auch den Lehenbrief und im 2ten Viertel des 1787ger Jahre wurde gewonnen an **Kupfervitriol** . . . . 19 und ¼.
an **Eisenvitriol** . . . . 59 und
an **Alaun** . . . . 2 Centner.
Man hat Hofnung, daß es nächstens mit größerem Gewinn wird getrieben werden. 10) Zu der besonderen Fruchtbarkeit der Stadt **Weinheim** S. 328 rechne ich vorzüglich die unendlich viele **Nußbäume**, welche auf ihrem Feldmarke angepflanzet sind, und davon mancher Einwohner jährlich 20—60 Malter Nüsse ziehet. Man hat sogar Beispiele, daß aus dieser Gegend auf einmal über 30000 unausgearbeitete Büchsenschäffte aus Nußbaumholz nach Sachsen geführet und das hundert mit 25 bis 30 fl. bezahlet wurde. S. **Keyßlers Reisen**, nach der Ausgabe von 1776. 2. B. S. 1464. 11) Von der schönen und nuzbaren landwirthschaftlichen Einrichtung zu **Langenzelle** S. 367. wird umständlich und mit vieler Sachkenntniß in besonderen Schriften gehandelt, nemlich in **Romani** landwirthschaftlichen Reisen 3. B. S. 202 — 222. und von Herrn

Regierungsrath Medicus in den Bemerkungen der Pfälz. Oek. Gesellschaft vom J. 1771. S. 201 — 210. Der Herr geheime Rath Wreden hat aber seit dieser Zeit allda wieder so viele wichtige neue Einrichtungen gemacht, daß ein anderer Oekonom nun schon wieder Gelegenheit fände, auch neue Bemerkungen darüber anzustellen. 12) Auch in Mönchzelle S. 382 findet man ein schönes Beispiel von dem Nuzen der verbesserten Landwirthschaft. Siehe H. Hofrath Jungs Abhandlung von dem hohen Werthe eines rechtschaffenen staatswirthschaftlichen Landbeamtens, hergeleitet aus der landwirthschaftlichen Geschichte des freiherrl. Urköllischen Gutes zu Mönchzell, in den Vorlesungen der K. Pf. Oek. Ges. 2. Band. S. 1 — 40. 13) Was endlich bei dem Kloster und Dorf Lobenfeld S. 388. H. W. von der schwärmerischen Sekte erzählet, welcher der Kurfürst Karl Ludwig dieses Kloster eingeräumet, kann aus der schon oft angeführten neuesten Biographie dieses Kurfürsten S. 77 — 80. berichtiget werden, weil ihr Verfasser diese Geschichte aus besseren Quellen bearbeitet hat; denn diese Sekte war nicht, wie man nach der Erzählung des H. Widders glauben sollte, den Meinungen des Schwärmers Kohlhausen zugethan, sondern vielmehr von Poole aus Norwich in England errichtet, und hieng nach dessen System, noch

an

an manchen Gesezen des ceremoniellen jüdischen Gottesdienstes, ob sie gleich sonst zu der christlichen Religion sich bekannten, daher sie auch Judenchristen genennet wurden. Finsterwald, aus dem H. W. seine Nachricht entlehnet hat, sagt auch nur, daß Kohlhans in dilucidat: necess. in *Gerardi Eroesi* historiam Quackerorum, L. III. p. 168. von dieser Sekte handle, und nicht daß er der Stifter derselbigen sei.

4) **Wundt (Daniel Ludwig) kurze Geschichte des Klosters Schönau, gestiftet in dem Jahre 1142. in dem Magazine für die Kirchen- und Gelehrten-Geschichte des Kurfürstenthumes Pfalz. 1 Band. S. 42 — 58.**

Der Herr Verfasser wollte, nach seinem eigenen Ausspruch in der Vorrede zu seinem Magazin, mit dieser Geschichte es versuchen, ob die sonst so magere Geschichte eines einzelnen Klosters, mit der gewissenhaftesten Beibehaltung der historischen Treue, nicht so könne bearbeitet werden, daß sie Interesse für denkende und fühlende Leser behalten; er hat daher die Stellen aus den ältesten Urkunden, die ihm den Stof zu dieser schönen Geschichte darreichten, in den Noten wörtlich angeführet, und dadurch eben hinlänglich genug bewiesen, daß dieser Versuch, der durch seine Einkleidung ein so reizendes Gewand erhalten,

F

keine Geburt der Phantasie, sondern unmittelbar aus den besten Geschichtsquellen entlehnet ist — und daß er die Absicht die er dabei hatte, auf diese Art sehr glücklich erreichet, wird wohl niemand läugnen. Bei dem, was an dem Ende dieses Versuches, von den ersten Wallonen gemeldet wird, die, von Frankenthal aus, nachdem Friedrich der 3te das Kloster aufgehoben, die Stadt Schönau eigentlich anbauten, wünschte ich, daß der H. Verf. die ganze Kapitulation, die dieser Kurfürst mit ihnen errichtet, und nicht nur einen Auszug davon, hätte gebrauchen können. Es ist die umständlichste von allen noch vorhandenen Kapitulationen von der Art, und enthält einige Artikel, welche der sicherste Beweis von der Großmuth sind, womit Friedrich diese Fremdlinge aufnahm. Aber sie waren derselben nach ihrer ganzen Denkungsart und reinen und edeln Sitten auch würdig, und in dieser Rücksicht in der That würdige Nachfolger der Ordensgeistlichen in Schönau, welche nach dem Zeugnisse des Herrn Widders, das der Herr Verf. selbst anführet, sich auch darin auf eine löbliche Art auszeichneten. Ich habe davon, und zwar noch aus den ersten Zeiten, da ein Theil davon nach Otterberg verpflanzet wurde, sehr schöne Beweise in den Händen, und werde wohl Gelegenheit finden, sie bald dem Publikum mitzutheilen. Ihr erster Prediger in Otterberg hieß Clynet;

er erhielt zu Leiden die Doktorwürde in der Gottesgelehrtheit, und war ein Mann von einem eben so treflichen moralischen Charakter als von großen Kenntissen, der zu der guten sittlichen Bildung der ihm anvertrauten Gemeinde gewiß auch das meiste beitrug.

Die bisher noch ungedruckte Urkunde, welche von dem alten Kloster Schönau, am Ende dieses Magazins dieser kurzen Geschichte beigefüget ist, erhöhet ihren Werth.

B.

Ppyſikaliſch - ökonomiſche Schriften, über das Oberamt Heidelberg.

1) Medicus (Kaſ.) oben angeführte ſtadt- und landwirthſchaftliche Reiſebeſchreibung. Seite 192—219. 241—317.

Wenn man die ſchäzbare Bemerkungen des Herrn Verf. über den Nahrungs- und Gewerbezuſtand des Städtchens Neckergemünde, ſo wie über den Ackerbau einiger bekannten ſchönen Landgüter zu Seckenheim, Langenzell und Handſchuchsheim und mehrerer beträchtlicher Dörfer in dem Oberamte Heidelberg, mit dem verbindet, was H. Widder von der Geſchichte dieſer Oerter erzählet, ſo wird nicht viel Stof mehr dazu fehlen, um ſich die genaueſte topographiſche Begriffe von dieſer herrlichen Gegend zu ver‍ſchaffen.

2) **Gugenmus** (Stephan) von dem **Handſchuchsheimer Ackerbau**, in den **Bemerkungen der Pf. ök. Geſellſchaft vom J. 1776. S. 65—120.**

Das ſchönſte Muſter einer guten land‍wirthſchaftlichen Einrichtung. Das Dorf hat bei 1500 Einwohner — einen Feldmark nur von 2000 Morgen — und davon beſizet der reichſte Bauer nicht leicht über 10 Mg. Feldes. Er muß dabei einen Morgen, wenn er anders etwas nahe bei dem Orte liegt, oft um den hohen Preis von 8 bis 1200 fl. er‍kaufen, und doch iſt er in dem gröſten Wohl‍ſtande, und erndtet mehr ein, als andere Land‍leute auf einer noch ſo groſen Gemarkung. Die meiſte Pfälziſche Oekonomen haben die‍ſes alles aus der treflichen Lage des Orts her‍geleitet, aber der würdige Verf. widerſpricht dieſen, und findet im Gegentheile die ein‍zige Urſache davon in der treflichen Art der Einwohner, das Feld weislich zu benuzen, und die Bemerkungen, die er dabei angeſtellet, ſind nicht allein die redendſte Beweiſe von ſei‍nen groſen Einſichten in die ganze Landwirth‍ſchaft, ſondern auch von dem Patriotismus, der in allen ſeinen Schriften athmet. Ich habe ſchon oft gedacht: warum lieſt man doch in den Annalen der Kurpf. ök. Geſellſchaft keine umständliche Biographie von dem Manne, der doch von ihrer Stiftung her an ihrem guten Ruf den größten Antheil gehabt?

3) **Güthe Beschreibung einer Reise durch einen Theil der Bergstaße und der Neckerthäler der Mittelpfalz, die Naturgeschichte betreffend** — im 7ten Hefte des Pfälzischen Museums vom J. 1784. S. 609 — 664.

Ein Kenner des Bergbaues,*) der diese kleine Reisebeschreibung bei mir gelesen, hat folgendes daran ausgesezt: Erstens schien ihm die Beschreibung des Gebürges zu Auerbach in dem Hessendarmstädtischen S. 616. nicht deutlich genug zu seyn, um sie nemlich für den Mineralogen auch wichtig zu machen; der Verfasser, welcher blos sagt, daß dieses Gebürge aus Granit, Marmor und Kalch-

*) Herr Weber von Steinwendten, vormaliger Bergverwalter zu Wolfstein; ein Pfälzer, der nun im Ausland seinem Vaterlande Ehre macht. Er wurde vor einigen Jahren von dem Herrn von Born zu Wien dem königlich Spanischen Gesandten empfohlen, und hat nun, unter sehr ansehnlichen Bedingnissen, die Oberaufsicht über einige Bergwerke in Peru. Man liest in der Jenaer allgemeinen Litteraturzeitung einen Brief von ihm, der dem, welcher ihn zu dieser Stelle empfohlen hat, Ehre macht.

felsen bestehet, hätte auch melden sollen: ob die Kalchfelsen unter oder über dem Granit sich befinden? oder ob solche isolirte Gebürge ausmachen? wie die Bestandtheile des Granits miteinander verbunden sind, ob Feldspath, oder Quarz, oder Chimmer der vorwaltende Bestandtheil sey? ob wohl der Granit die Hauptgebirgart der dortigen Gebürge, und wie weit er sich in die Länge, Breite und Tiefe der Gebürge erstrecke? denn diese genaue Bestimmung gäbe erst der Beschreibung einigen Werth. Zweitens tadelte er, daß des silberhaltigen Bleibergwerks zu Großsachsen also erwähnet würde, als ob dasselbige in Ausbeute stünde; es sey ja bekannt, daß es jzt, wie das zu Hohensachsen ruhe. Drittens glaubte er nicht, daß die vom Färber Seite 632 angezogene Stelle, nach dem Sinne des Färbers beweisen solle, daß man auf dem Bergwerke zu Moschel die Vitriolerze auf eine musterhafte Art behandle; Färber, der die bessere Behandlungsart dieser Erzen auf dem Harz und in Sachsen kenne, müsse von dem Gegentheile überzeuget seyn. Er habe daher nach dem Zusammenhange wohl nur der mineralogischen Welt melden wollen, daß man zu Moschel auch Vitriol gewinne, und wie man ihn bereite. Ich muß es ganz dem Urtheile der Sachkundigen überlassen, ob diese Einwürfe gegründet sind, oder nicht? übrigens kann ich nicht läugnen, daß ich in dieser Beschreibung des H. D. Güthe einige Bemerkungen gefunden, die für den Topographen merkwürdig sind, mir neu waren, und sehr wohl gefallen haben. Ich rechne dazu vorzüglich, die Nachrichten von dem Handel der Heidelberger mit den silberglänzenden Schuppen des Weißfisches und des Keilps nach Frankreich und die Schweiz, wo man sie zu dem inneren silberfarbenen Ueberzuge der Glasperlen verarbeitet; von der Perlgerste, die in Menge auf den Mühlen bei Schriesheim gemahlen und stark auswärts verführet wird — und die umständliche Beschreibung von der neuen Benuzung der Weintraubenkerne zum Oehlschlagen, welche von Einwohnern an der Bergstraße mit sichtbarem Vortheile getrieben wird.

§. 2.

Vom dem Oberamte Ladenburg.

A.

Von den Schriften, welche die Geschichte dieses Oberamtes erläutern.

1) *Freheri* (M.) *commentariolus de Lupoduno, antiquissimo Alemannorum oppido.* Heid. 1618. Fol.

— — in H. G. *Clemmii novis amoenitatibus litterariis*, Fasc. II. pag. 221—271.

2) Joh. Chrift. *Volzii* & H. G. *Clemmii differtatiunculae amoebeae de Lupoduno Alemannorum.* Ibidem. Fac. III. pag. 320-335.

3) *Volzii fpicilegium ad differtationes de Lupoduno Alemannorum.* Ibid. pag. 503-514.

Freher bemühet sich zu beweisen, daß das alte Lupodunum, dessen der römische Dichter Ausonius in seinem schönen Gedichte von der Mosel, Vers 423 und 424 gedenket, die Pfälzische Stadt Ladenburg sey, und ist also ganz anders Sinnes, als B. Rhenan, der in seiner Geschichte der Deutschen 1 Buch S. 6. das Gegentheil behauptet, und in dem alten Schloße Lupf an dem Ursprunge der Donau des Ausonius Lupodunum findet. Volz und Clemm tretten auf die Seite des Rhenans und suchen viele Gründe auf, um dessen Meinung wenigstens wahrscheinlich zu machen; indessen bekennet doch der leztere, daß beide Meinungen noch bestritten werden könnten, und noch nicht ganz historisch gewiß wären, und wagt es daher auch nicht ein entscheidendes Urtheil darüber zu fällen. Uebrigens war die neue Auflage von Freher schäzbar, weil das Werkchen außerordentlich selten ist. Siehe *Vogtii* catal. lib. rarior. ed. 4tam. pag. 286.

4) *Haefelin* (Caſ.) *de Lupoduno.* in Act. Acad. *Palat.* Tom. III. pag. 185—213.

Ich glaube, daß hier der Streit am glücklichſten entſchieden worden, denn das, wozu Clemm ſchon gerathen, nemlich aus dem Geſchichtſchreiber **Ammianus Marcellinus**, den Dichter **Auſonius** zu erklären, das hat der Herr Verfaſſer wirklich gethan, und mit einer Wahrſcheinlichkeit, die ſehr nahe an die hiſtoriſche Gewißheit hingränzet, bewieſen, daß das Pfälziſche Ladenburg an dem Necker ſchon zu den Zeiten der Celten eine ihrer Hauptſtädten geweſen, von denen es die Römer erobert und hernach die Franken zum Size des ganzen Lobdengaues erwählet hätten: die Meinungen der Gegner werden zugleich unterſucht und widerleget.

5) *Andreae* (J. H.) *Lupodunum Palatinum.* Heid. 1772. 4. 36 Seiten.

Auch in dieſer Schrift hat der Herr Verfaſſer dem Pfälziſchen Topographen nicht wenig vorgearbeitet; denn man findet in der Geſchichte nicht leicht etwas aufgezeichnet von Ladenburg, das hier nicht angebracht wäre; die Geſchichte von dem bekannten **Sylvan** §. 21. wird aber in ein weit größeres Licht geſezet, in dem Verſuche einer Geſchichte von dem in der Pfalz in dem 16ten Jahrhundert ſich ausgebreiteten **Arianis-**

mus, welche der Herr Professor Wundt
zu Heidelberg wirklich aus einigen bisher noch
ganz unbekannten Quellen im ersten Bande
seines Magazins S. 88 — 154. bearbeitet
und sie dem Drucke übergeben hat.

6) **Widders** (Goswin) **Abhandlung von den Stalboheln; in den rheinischen Beiträgen.** 2. Band. 1. Jahrgang
S. 401 — 430.

Die Stalboheln waren, nach des Herrn
Verfassers Beweis aus Urkunden des mittleren Zeitalters, öffentliche Gerichtsstädte oder
Dingpläze unter dem freien Himmel, worauf
in den Gauen von den alten Saugrafen ge-
urtheilet und geschlichtet wurde — und solche
findet er bei Ladenburg gegen Läutershausen
zu und an andern Pfälzischen und die Pfalz
angränzenden Orten, z. B. bei Wimpfen,
Schluchtern, Weingarten im Bruhrrhein,
Godramstein im Siebeldinger Thal und Oggersheim.

7) *Schoepflin* (J. Dan.) *de ara voti-
va Ladenburgensi, imperatoribus & cæsari-
bus Romanis a Moguntiacensi civitate seculo
III. dicata. in actis acad. Pal. Tom. 1. pag.
183—192.*

Es ist der nemliche merkwürdige Stein,
den schon **Leodius, Freher** und **Janus
Gruterus** erläutert haben; aber der Verf.

behauptet, daß diese Schriftsteller theils die alte Inschrift auf dem Steine nicht richtig abgeschrieben, theils bei ihrer Erläuterung nicht am glücklichsten gewesen wären, und stellt daher eine andere Erklärung auf.

8) — *de sepulcro Romano prope Schrishemium reperto. Ibid. Tom. II. pag. 107 — 114.*

Eine genaue Beschreibung des im Frühjahre 1766 entdeckten römischen Begräbnisses, mit den Fundamenten eines dazu gehörigen Sacelli und Coenaculi. Auf dem Platze stehet jezo eine auf höchsten Befehl verfertigte steinerne Säule von toscanischer Ordnung, mit einer lateinischen Inschrift. —

9) *Haefelin* (Caſ.) *de balneo Romano in agro Lupodunenſi reperto. Ibid. Tom. III. pag. 213 — 227.*

Die Fundamenten und Ueberbleibsel dieser römischen Bäder, die der jezige Kurfürst mit einem Gebäude einfassen und bedecken lassen, wurden im Spätjahre 1766 entdeckt, und über der Thür des Gebäudes befindet sich eine lateinische Inschrift, so wie bei dieser Abhandlung die schöne Abbildung dieser Ruinen von dem Herrn Ing. Hauptmann Denis vom J. 1767.

10) **Widders (G.) Beschreibung des Oberamtes Ladenburg im 1. Bande**

der geographischen Beschreibung der Kurpfalz. S. 447—482.

Mit Recht behauptet der H. Verfasser in der Einleitung, daß dieses Oberamt, ob es gleich den Ortschaften nach klein, doch wegen der Anzahl der Einwohner, und ich seze dazu, wegen ihrem Wohlstande, unter die mittelmäßigen Pfälzische Oberämter könnte gerechnet werden. Seine Beschreibung ist sehr genau und vollständig und ich habe daher meinem Leser nur einige Bemerkungen dabei mitzutheilen. 1) Kremer verwirft in der Geschichte des rhein. Franziens S. 267, die Urkunde, darauf sich Herr W. S. 452 beruft, und Kraft welcher der Fränkische König Dagobert im J. 636 die Stadt Ladenburg und den königlichen Pallast daselbst der Kirche geschenkt haben soll; er läugnet zwar nicht, daß eine Schenkung von der Art von Seiten der Fränkischen Könige wirklich geschehen — indem die darauf folgende, auch von S. W. angeführte Urkunden, welche diese Schenkung bestättiget haben, nicht zu verwerfen seyn; nur getraute er sich nicht aus einer, nach seinen kritischen Kenntnissen und Grundsäzen falschen Urkunde das Jahr so bestimmt anzugeben. 2) Auch von der Schenkung des von H. W. S. 453 angeführten Heinrichs des 2ten, vom J. 1011. welcher als ein eifriger Beschüzer dem Bischofe Bur-

Karl zu Worms, die ganze Grafschaft des Lobbengaues sammt aller Zugehörde überließ, behauptet Herr Hofrath **Lamei**, daß doch noch einige Ausnahme dabei gewesen seyn müßte, in actis acad. Pal. Tom. I. pag. 242.
3) Daß der bekannte unglückliche **Sylvan**, wie H. W. S. 458 annimmt, der Lehrmeister des Kurfürsten **Friedrichs** des 3ten, der ihn enthaupten ließ, gewesen sei, ist gar nicht wahrscheinlich: wenigstens hat der sel. D. **Büttinghausen** gegen diese Behauptung einige wichtige Zweifel vorgebracht, in dem 1. Bande der Beiträgen zur Pfälzischen Geschichte S. 163.

B.

Physikalisch-ökonomische Schriften über das Oberamt Ladenburg.

1) **Gründliche durch sichere Berechnungen erwiesene Widerlegungen der gegen die Verbesserung der Landwirthschaft gemacht werdenden Einwendungen.** 1772.

Der Verfasser ist der jüngst verstorbene Hr. Stadtschultheiß **Reinecker** in Ladenburg und aus dieser schönen Schrift kann man am besten die Art und Weise kennen lernen, wie bei einsichtsvollen Landwirthen in der Stadt und der Gegend der Ackerbau getrieben wird. Einiges davon findet man auch in der Abhandlung von dem Tabacksbau, die zu Mannheim herauskam. 1778. 8.

2) **Medicus** in der oben schon angeführten Reisebeschreibung. S. 294—298.

Der Herr Verf. verweilet sich nicht lange bei der Beschreibung der landwirthschaftlichen Lage der Stadt Ladenburg, weil nach seinem Urtheile, die so eben angeführte Reineckerische Schrift ihn der Mühe überhoben, Nachrichten von der Art aus dieser Gegend mitzutheilen: er zeigt daher blos den Nuzen des Umbruches des gemeinen Weidstriches, der dazumal eben eingeführet war — aber ein neueres schönes Beispiel von den Einsichten vernünftiger Ladenburger Landwirthe hat er aufgestellt in der Abhandlung: **Ueber die Veredelung der Wolle, vorzüglich durch Winterpferchung der Schaafe**, in den Vorlesungen der Pf. ök. Gesellschaft von dem Winter 1784 bis 1785. S. 339—276.

3) **Wund** (Fr. Pet.) **Kurze Geschichte und landwirthschaftliche Beschreibung der Stadt und des Oberamtes Ladenburg**. In den Bemerkungen der Pfälz. ök. Gesellschaft vom J. 1783. S. 185—219.

Die Bemerkungen von dem guten Nahrungsstande der Einwohner und des reichen Ertrages ihrer Felder Gründen sich vorzüglich auf die Generaltabelle von 1782; aber bei der Angabe der zu dem Oberamte, besonders zu der Gemeine Hemmsbach gehörigen Höfe, ist der Verf. nicht vollständig genug, und kann darin izt sehr aus dem Werke des H. Widders berichtiget und ergänzet werden. In den Noten sind auch einige litterarische Nachrichten angebracht, z. B. S. 201. Not. 16. von der ehemals in Ladenburg gewesenen Buchdruckerei und der außerordentlichen Seltenheit der daselbst gedruckten Bücher. Der sel. **Büttinghausen** behauptet sogar, in den **Ergözlichkeiten aus der Pfälz. und Schwei. Litteratur.** 2. St. S. 26. daß noch zur Zeit nur ein einziges Werk davon bekannt seye, nemlich: *Freheri tr. de re monetaria veterum Romanorum.* Lubobuni. 1605. 4. Ein mir verehrungswürdiger Gönner hat mir neulich noch eine andere Schrift, die zu Ladenburg gedruckt ist, bekannt gemacht; *Fulleri miscellanea theologica. Liber V. & VI,* unter dem besondern Titel: *Lugduni sumptibus haered. Lazari Zeltzneri.* Er sezt dazu: man kann leicht merken, daß hier *Lubduni* anstatt Lugduni gelesen werden müße, weil die vier erste Bücher zu Heidelberg gedruckt worden, 1618. sumptibus hæred. Lazari Zeltzneri, welches gewiß merkwürdig, da

die lezte Theile im 30jährigen Kriege heraus-
kamen. Uebrigens ist noch zu bemerken, daß
von des Verfassers Vorlesung von Ladenburg,
in Rücksicht auf die ökonomische Verfassung
ein getreuer und umständlicher Auszug sich
befindet in Herrn Fabris neuem geographischen Magazin 3. Band. S. 506 — 511.

§ 3.

Von dem Oberamte Lindenfels.

Widders (G.) geographische Beschreibung der Kurpfalz. 1. B. S. 484-
528.

Bei dieser Beschreibung hat der Herr
Verf. gewiß viele Verdienste, denn ehe er
sein geographisches Werk herausgab, wußte
man nicht einmal recht die Namen der Oerter, die dazu gehören; wenigstens finde ich
izt, daß sie in allen gedruckten und geschriebenen Pfälzischen Ortesverzeichnissen sehr unvollständig angegeben und zugleich zum Theile sehr unrichtig benennet sind. Die alte
Burg Lindenfels, wovon man noch bei dem
Zeiler eine schöne Abbildung findet, und deren Geschichte hier sehr ausführlich bearbeitet ist, wurde in dem Jahre 1782 niederge-
rissen; an dem sogenannten Seidenbuchwal-
de hingegen ist nun eine Glashütte errichtet,

welche

welche mit großen Privilegien versehen, das Glas für die ganze Pfalz liefern, und die Einführung des auswärtigen Glases verhindern soll. Die Verbindung des Oberamtes mit dem Oberamte Heidelberg, deren H. W. S. 484. gedenket, nimmt der Pfälz. Kriegsrath Grael noch von dem Jahre 1720 an, und sezt in beiden die Familienanzahl in eben diesem Jahre nur auf 4215.

Die ökonomische Beschaffenheit — wovon mir keine besondere Schriften, wie von andern Pfälzischen Oberämtern bekañt sind — ist gerade so, wie sie hier beschrieben wird. Es ist ein hohes, mit Berge und Hügeln und dazwischen liegenden engen Thälern abwechselndes Land, wo man mit großer Mühe die Felder zur Fruchtbarkeit zubereiten muß, und darauf doch nicht alles nöthige Getreide gewinnen kann; aber desto besser gedeiet die Viehzucht, wegen dem vielen in den Thälern wachsenden gesunden Futter, und das Obst, das hier zu den wenigen Produkten gehöret, daraus man, wie aus dem gemästeten Vieh, auswärtiges Geld an sich zieht. Vom Anbaue der zu dem Oberamte gehörigen Oerter sagt der sel. Flad in seiner Abhandlung von der verschiedenen Fruchtbarkeit der rheinischen Pfalz: hier kann man noch den Schatten der alten deutschen Wohnungen wahrnehmen, indem die Häuser der Dörfer sehr weit von einanber entfernet liegen.   In actis acad. Pal. Tom. I. pag. 437.

§. 4.

Von dem Oberamte Ozberg.

Widder (S.) in der geographischen Beschreibung der Kurpfalz. 2. Band. Seite 1—15.

Die besondere Ortsbeschreibung ist sehr genau, und war vor dieser Arbeit auch noch wenig bekannt; ich kann daher auch nur einige Kleinigkeiten dabei bemerken. 1) Die Bevölkerung, welche der Herr Verfasser nicht, wie er bei den übrigen Oberämtern gethan, summarisch angegeben, belief sich in dem Jahre 1779 auf 450 Familien und 1997 Seelen. Im Jahre 1720 zählte Grael auf seine Liste nur etwas mehr als die Hälfte, nemlich 244 Familien, welches mit der übrigen Volksvermehrung in der rheinischen Pfalz (von diesem Zeitraume) in einem ziemlichen Verhältnisse stehet; in den neueren Zeiten hat das Oberamt in zehen Jahren hingegen, nach der schönen statistischen Tabelle des Herrn Hofgerichtsraths Traiteur, die der Abhandlung von der Größe und Bevölkerung der rheinischen Pfalz beigefüget ist, an 270 Menschen zugenommen. 2) Ozberg liegt nicht eine, sondern gut anderthalb Stunde von Umstadt.

3) Die Familie der Gansen von Ozberg. S. 6. ist 1694 ausgestorben. Einer dieses Geschlechtes, Johann Pleickard Ganns von Ozberg, hat eine eigene Nachricht davon im Jahr 1637 aufgesezet, welche sich in dem Sickingischen Archiv zu Mainz befindet, und davon der sel. Büttinghausen etwas dem Publikum mitgetheilet, im 2. Bande der Beiträge zur Pfälz Geschichte S. 124.

Von der ökonomischen Beschaffenheit des Oberamtes sind mir auch keine besondere Schriften bekannt. Es ist meist bergicht, und man zählte in dem Jahre 1779 nur aufs Ganze 6515 Morgen Aecker und 683 Morgen Wiesen, wovon die erstere zum größten Theile an Abhängen der Berge und sehr wenige in der Ebene liegen. Die Waldungen sind aber auf dem Feldmarke weit ausgebreitet, und Flad sagt daher an dem öfters angeführten Orte, daß Bau- und Brandholz dessen vornehmstes Produkt sei, womit ein starker Handel nach Frankfurt getrieben werde.

§. 5.

Von dem Oberamte Umstadt.

A.

Von den Schriften, welche die Geschichte des Oberamtes erläutern.

1) Deduktionen, die wegen Umstadt im öffentlichen Drucke erschienen.

Man findet sie umständlich angezeiget in Lünigs Deduktions-Bibliothek nach der Ausgabe von Jenich. Ich will hier nur die vorzüglichste bemerken.

a) Gründlicher Bericht des fürstlichen Samthauses Hessen, wie es um die *jurisdiktionem ecclesiasticam* in der zwischen Kurpfalz und dem Samthause Hessen, gemeinschaftlichen Stadt und Amte Umstadt beschaffen, und was deswegen bisher vorgegangen ist. 1662. 4. Pfälzischer Seits erschien dagegen.

b) Gründlicher Gegenbericht auf den von dem fürstlichen Samthause Hessen wider Kurpfalz in Druck gegebenen also genannten gründlichen Bericht. Heidelb. 1663.

In dem Jahre 1720 erneuerten sich die Streittigkeiten, und man hat noch von diesen Zeiten,

c) *Memoriale* an die Reichsversammlung *puncto* der Religions *Gravaminum* in der zwischen Pfalz und Hessen *pro indiviso* gemeinschaftlichen Stadt, Amt und Cent Umstadt. 1720.

Was Kurpfalz darauf erwiedert, findet man auch bei Lünig am angeführten Orte. Die Hauptsache betraf zwar das Religionswesen und die Pfarrbesezung; indessen sind in den Beilagen von diesen Deduktionen, manche schäzbare Urkunden, welche auch die ältere Geschichte erläutern und davon Beispiele angeführet H. Wenk in seiner Heſſ. Land. Geſchichte 1. B. S. 622 Not. b. und S. 626. Not. l. Man hat aber auch Deduktionen, welche ſich mehr auf politiſche Angelegenheiten beziehen. Z. B.

d) Kurze *Repraeſentatio ſtatus cauſarum ex actis* Löwenſtein *contra* Kurpfalz und Heſſen zuſammen und *reſpective* Heſſen allein.

Der Proceß iſt bei dem Reichshofrathe anhängig und betrift, wegen dem Amte Habizheim, das dem Löwenſteiniſchen Hauſe als ein Pfälziſches Lehen zuſtehet, die Schazung, den Spachbrücker Teich, die Großzimmerer Pfarrgefälle und andere Gerechtſame, welche die Herren Fürſten von Löwenſtein-Werthheim vor dem 30jährigen Kriege im ruhigen Beſize gehabt zu haben, behaupten wollen.

e) Heſſen Darmſtädtiſche Deduktion wegen der Lehenſchaft des Dorfes Schaafheim *contra* Kurpfalz. Sie iſt, nach H. Wenks Geſchichte 1. B. S. 625. Not. i. noch ungedruckt, und iſt beſonders deswegen merkwürdig, weil einige Pfälziſche Lehenbriefe für Hanau darin angeführet werden. Der erſte vom J. 1410. über die Hälfte von Umſtadt, das Dorf Schaafheim, den Kirchenſaz daſelbſt, den Hof zu Schlierbach und den Hof zu Sembd bei Umſtadt.

2) *Hallwachs* (Joh. Conrad) *commentatio de centena illimitata ſive territoriali.* *Francof.* 1746. 4.

Der Verfaſſer iſt jezt Heßiſcher Regierungsrath und Amtmann zu Alsfeld, und er nimmt in dieſer Schrift ſeine Hauptrückſicht auf die zwiſchen Pfalz und Heſſen gemeinſchaftliche Zent Umſtadt und die darüber längſt entſtandene Irrungen. Die alte Zentweisthümer ſind auch darin abgedruckt, ſo wie zugleich umſtändlich alle die Oerter angeführet werden, welche ehemals zu dem Zentgerichte Umſtadt gehörten, und darunter viele begriffen, welche nun in dem Pfälziſchen Oberamte Ozberg und dem Hanauiſchen Amte Babenhauſen liegen.

3) *Heſſe* (Conrad Fried.) *de centena ſublimi, ſpeciatim in Landgraviatu Haſſo-Darmſtadino, ejusque vicinia.* *Gütting.* 1746. 4.

Es iſt eine unter dem Vorſize des Hrn. Geh. Juſtizrath Böhmers, von dem jezigen Wormſiſchen Konſulenten Herrn Heſſe gehaltene Diſſertation, mit vielen merkwürdigen Beylagen; ſo lieſt man z. B. in der Beilage No. 10 einen Entſcheidbrief Biſchof Reinhards von Worms, über die damals zwischen Pfalz und Hanau wegen mancherlei Gerechtsamen in der Stadt und Zent Umstadt vorwaltende Zwistigkeiten.

4) **Widder (G.) in der geographischen Beschreibung der Kurpfalz.** 2. B. S. 16 — 38.

Es scheinet, daß der würdige Hr. Verf. nicht Nachrichten genug in Händen gehabt, um dieses, eben wegen der Gemeinschaft wichtige Pfälzische Oberamt umständlich zu beschreiben. Ich will daher das, was ich von seinen Angaben als unrichtig gefunden, hier kürzlich berichtigen, und zugleich mit einigen Zusäzen seine topographische Darstellung in ein besseres Licht sezen. 1.) Die Lage des Oberamtes ist, S. 16. nicht ganz richtig angegeben; denn dasselbige ist nicht von drei, sondern nur von zwei, nemlich der östlichen und südlichen Seite mit hohen Bergen umringet; die westliche gegen Darmstadt und die westnördliche gegen Frankfurt zu, öffnet hingegen eine der schönsten und fruchtbarsten Ebenen. 2) Es ist wahr, daß nach dem Vertrage von 1521 S. 17. Umstadt zwischen Pfalz und Hessen in unzertheilter Gemeinschaft genuzet und genossen werden soll; aber es heißt auch in demselbigen: „Es soll dieser Vertrag keinen Theil an andern Ober- und Herrlichkeiten, so hier nicht begriffen, nachtheilig oder ſchädlich ſeyn." Folglich iſt dieſe Gemeinſchaft nicht auf die, in dem vorhergehenden, an Pfalz wieder gewieſene Lehen, oder beſondere Kurpfälziſche Gerechtſame zu erſtrecken. 3) Das Dorf Schaafheim S. 18. gehöret nicht zu dem Hanauiſchen Amte Babenhauſen, ſondern es macht mit den Dörfern Dietzenbach, Schlierbach, Hapertshauſen und Spizaltheim ein beſonderes Darmſtädtiſches, Hanau-Lichtenbergiſches Amt aus. 4) Es kann ſeyn, wie Herr W. S. 18. behauptet, daß der Landgraf Ludwig von Heſſen-Darmſtadt in dem 30jährigen Kriege, theils auf Bitte der Unterthanen, theils mit Bewilligung des unglücklichen Böhmiſchen Königs, Friedrichs des 5ten, die Pfälziſche Hälfte von Umſtadt in ſeinen Schuz nahm; aber es iſt doch gewiß nicht ohne eigennüzige Abſichten geſchehen: denn wie hätte er ſonſt gleich darauf, auf dem Reichstage zu Regenſpurg 1623. die Pfälziſche Hälfte von Umſtadt und die Herrſchaft Ozberg in Anſpruch nehmen können? Ferdinand der 2te, der bekantlich alles gerne bewilligte, was das Pfälziſche Haus kränkte, ſagte ihm auch beides zu. 5) Der 4te Theil von Umſtadt, den nach S. 19. Heſſen-Kaſſel damals beſaß, fiel zur Hälfte Heſſen-Rothenburg zu, und wurde erſt in dem J. 1666. gegen den Darmſtädtiſchen Antheil der Geroldſteiniſchen Lehen in der niedern Grafſchaft Katzenelenbogen vertauſcht.

S. Weuks H. Land. Gesch. 1. B. S. 626.
6) Man kann nicht in dem strengsten Sinne sagen, wie H. W. S. 19 annimmt, daß in denen zum Oberamte gehörigen Zentorten die Zentgerichtsbarkeit zwischen Kurpfalz und Hessen gemein sey; wenigstens gehen aus dem Amte Habizheim die Appellationen in Polizeiangelegenheiten nur an das privativ Kurpfälzische Amt. 7) Die Burgerschaft in der Stadt Umstadt S. 20 bestehet, einige Juden und Beisassen-Familien ausgenommen, aus etwas mehr als 300 Mann, welche, so wie die sämmtliche Einwohner von dem Amte und der Zent, große Freiheiten genießen; denn die Schazung ist gering, und der Zoll wird nur, wie auch H. W. S. 24. bemerket, von dem Getränke und dem Taback erhoben; weder auf dem Fleische, noch auf der Frucht und andern Konsumtibilien liegt einiger Accis; die Unterthanen haben wenig Frohndbienste zu leisten, ausgenommen die von Riechen und Kleinumstadt, als welche in den beiden herrschaftlichen Schlössern viele Arbeiten von der Art unternehmen müssen. 8) Der herrschaftliche Forstwald zu Umstadt ist, nach S. 24. zu 13000 Morgen wohl etwas zu stark angegeben; überhaupt kann man seine Größe nicht so genau bestimmen, weil er noch nicht geometrisch aufgenomen worden ist. Ueber dieselbigen ist auch nicht, so wie über alle Walbungen in dem Oberamte, ein gemeinschaft-

licher reitender Oberförster, sondern ein Kurpfälzischer Forstmeister, der auf dem Forsthause bei Lengfeld und ein Hessen=Darmstädtischer, der zu Riechen wohnt, gesezet. 9) Von dem Simultaneum zwischen den Katholiken und Protestanten, das bei dem Anfange der Regierung der Herren Kurfürsten von der Pfalz Neuburgischer Linie, in der Hauptkirche zu Umstadt, nach S. 26. eingeführet gewesen seyn soll, schweigen die noch vorhandene reformirte Kirchenakten von der Zeit völlig; es ist auch nicht wahrscheinlich, daß dieses Hessen=Darmstädtischer Seits wäre zugegeben worden. Die unstrittige Umstädter Kirchengeschichte enthält vielmehr folgendes: der Graf von Hanau erkaufte von dem Stifte St. Peter und Alexander in Aschaffenburg im J. 1560 das Patronatrecht in dem Amte Umstadt und dem Dorfe Großzimmern; mit den darauf haftenden Gefällen um 7000 fl. und verkaufte es hernach an den Pfalzgraf und Kurfürsten Friedrich den 3ten. Dieser, welcher damals auch den Hessischen Antheil von Umstadt pfandweis besessen, führte bald darauf die reformirte Religion ein und besezte alle Pfarr= und Schulbedienungen mit Männern, welche eben diesem Glaubensbekenntnisse zugethan waren, und die reformirte Gemeinden breiteten sich so weit aus, daß sie vor dem 30jährigen Kriege alle Kirchen mit ihren Gefällen im Beſiz gehabt; 1627 ſezte aber Heſſen-Darmſtadt alle reformirte Prediger und Schuldiener ab, und führte die Uebung des Gottesdienſtes nach dem Ritual der Augſpurgiſchen Konfeſſionsverwandten mit Gewalt ein. Die darüber entſtandene Mißhelligkeiten dauerten lange, und 1693 wurde erſt, durch die Vermittlung des Kurfürſtlich Brandenburgiſchen Hauſes, zu Weinheim an der Bergſtraſſe, das Simultaneum zwiſchen den Proteſtanten ſo feſtgeſezet, wie es nun noch im Gebrauche iſt. Der katholiſche Pfarrer in Umſtadt, deſſen H. W. S. 26. erwähnet, wurde erſt im J. 1701. eingeführt. Er hält den privat Gottesdienſt in der Pfälziſchen Schloßkapelle und verrichtet izt auch Kindtaufen und Kopulationen: aber ſeine Todten von der Dienerſchaft, muß er zur Beerdigung nach Lengfeld, in das Oberamt Ozberg, abfolgen laſſen, und die von der Bürgerſchaft werden welchſelweiſe von den Reformirten und Lutheranern, auf dem Stadtkirchhofe, mit Geſang und Geläute und einer Leichenpredigt begraben. 10) Der ſämmtliche Zehnten in der Umſtadter Gemarkung. S. 26. iſt nicht zwiſchen beiden hohen Herrſchaften gemein; ſondern Kurpfalz hat nur ein, Heſſen-Darmſtadt 2, und Löwenſtein auch ein Quart an demſelbigen zu beziehen; lezteres Haus trägt ſeinen Antheil von Kurpfalz zu Lehen und an dem Weinzehenten haben auch die Herren von Wambold einen geringen Antheil. 11) Das Dorf Semhd, von dem H. W. S. 27. nur einiges meldet, hat 90 lutherische, 15 reformirte und einen Catholischen bürgerlichen Einwohner; der Feldmark enthält 2277. Morgen Aecker, wovon aber sehr wenig den Unterthanen eigenthümlich zustehet, indem die gemeinschaftliche Herrschaft einige große Güter besizet und außerdem noch so viel adeliche Freihöfe vorhanden, so daß der Gemeinde nur 500 Morgen als Eigenthum übrig bleibt; hingegen ist der Wieswachs stark und obgleich keine gemeine Alimenten vorhanden, so haben doch die Einwohner, unter gewissen Bedingungen, die Gerechtigkeit in den Forstwald, und ziehen von der verpachteten Schafweide auch einige hundert Gulden. 12) Riechen und Kleinumstadt S. 27 und 28. sind unter den Dörfern in dem eigentlichen Amte Umstadt, in dem besten Zustande in Rücksicht auf eine gute landwirthschaftliche Verfassung; denn beide Oerter sind fast ganz ohne Schulden, und der Preis ihrer Feldgüter erhöhet sich jährlich. Jezt gilt der gute Morgen Ackers gewöhnlich 350 auch 400 Gulden. Die Kleinumstadter legen sich auch noch am stärksten auf den Weinbau. 13) Kurpfalz hat wohl eher einen Theil von dem Amte Habizheim käuflich an sich gebracht, als H. W. S. 31. annimmt; denn unter den Urkunden, die ich aus der Verlassenschaft eines würdigen Pfälzischen Gelehrten besize, befindet sich eine, nach welcher der Pfalzgraf Ruprecht der älteste schon in dem Jahre 1373. dem Grafen Johann von Wertheim das abgekauft, was er von seiner Gemahlin, einer gebohrnen Gräfin von Reineck, von der Burg, oder der Veste Habelsheim und dem Dorfe zu Zimmern ererbte. Herr Wenk behauptet zwar in seiner Heßischen Landesgeschichte, Seite 446. Not. u. daß der Wertheimische oder ursprünglich Reineckische Theil am Schloße Habizheim, an Schenken Eberhard von Erbach verkauft worden; er zeigt aber die Quelle nicht an, woraus er diese Nachricht entlehnet hat, und der Wertheimische Verkauf an Kurpfalz muß ihm also unbekannt gewesen seyn. 14) Daß Valentin Schenk von Erbach S. 31. einen Theil an Habizheim nicht nur an den Grafen Friedrich von Löwenstein, sondern auch zugleich an den Grafen Philipp von Hanau um 6000 fl. verkauft habe, ist nicht wahrscheinlich. Herr Widder ist hier vermuthlich dem Erbachischen Geschichtschreiber Schneider gefolget, der S. 327 in seiner Geschichte das nemliche sagt, aber bei dem Leben dieses Schenken Valentins, S. 159, doch nur des einseitigen Verkaufes an Löwenstein erwähnet. In der Verkaufsurkunde, die ich unter den obengemeldten besize, wird auch des Grafen von Hanau mit keinem Worte gedacht. 15) Daß Habizheim auch von Hessen-Darmstadt zu Lehen getragen werde, wie es S. 32. heißt, will man Löwensteinischer Seits auch nicht zugestehen. Man läugnet zwar nicht, daß bei der Baierischen Fehde die Herren von Erbach sich hätten dazu verpflichten müssen; aber dieses seye, behauptet man, in dem Vertrage von 1521. wieder aufgehoben worden, weil darin die Herren von Erbach nebst andern Vasallen, wieder an den Pfalzgrafen Ludwig gewiesen worden. 16) Das wenige, was nach S. 32. die Grafen von Erbach nach dem Verkaufe an Löwenstein von Habizheim noch übrig behalten, und das nach Schneiders Erbachischer Historie S. 327. im Jahre 1664 des Grafen Ludwigs von Erbach Wittib erhielt und es an den Grafen von Schönborn verkaufte — kann wohl in weiter nichts, als in $\frac{1}{8}$tels Zehnten von Spachbrücken und in einem Hofe zu Habizheim bestanden haben, als welche beide Stücke das gräfliche Haus Schönborn noch wirklich besizet. 17) Die Habizheimer Schloßkapelle S. 32. ist nicht diejenige, wie H. W. meinet, welche Schenk Eberhard von Erbach 1412 gestiftet hat; das ist vielmehr die dermalige evangelisch-lutherische Kirche in dem Orte. Jene ist viel jünger, und erst nach dem Westphälischen Frieden zum katholischen Gottesdienste bestimmt worden. 18) Das Dorf Habizheim selbst enthielte, nach der Habizheimer Amtstabelle in dem Jahre 1787. 90 Häuser und 43 Scheuern — und einen Feldmark von 2458 Morgen Aecker, 153¼ Morgen Wiesen und 5 Morgen Wald; übrigens haben die Einwohner Theil an der Viehtrift und Waide auf dem sogenannten Taubensand; in den Bürger- und Beisassenfamilien zählte man in eben diesem Jahre, 82 Männer, 85 Weiber, 139 Söhne, 103 Töchter, und überhaupt, ohne das Gesinde, 409 Seelen. 19) Das Dorf Spachbrücken S. 33. war, nach Hrn. Wenks Geschichte S. 306. von den ältesten Zeiten her, ein Zugehör von dem Dorfe Habizheim, und 1787. enthielt dasselbige 417 Seelen. In der Gemarkung liegen 1894 Morgen Aecker und 55 Morgen Wiesen, worunter sich ein Gut von etlichen hundert Morgen befindet, das der Kurpfälz. geistlichen Administration zustehet. An Gebäuden zählte man, außer der Kirche, 74 Häuser und 43 Scheuern. Den Bienenzehenten beziehet Löwenstein, und dasjenige, was H. W. S. 33. von dem Zehnten dieses Orts überhaupt bemerket, muß also in etwas eingeschränkt werden. 20) Zeilhard S. 33. ist das geringste Dorf in dem Amte Habizheim und hatte 1787 nur 19 Häuser, und 2 Scheunen; aber keine Mahlmühle, wie H. W. annimmt. Die wenige Einwohner haben hingegen einen starken Feldmark von 1116 Morgen Aecker und 43¼ Morgen Wiesen; allein davon haben die Bewohner des benachbarten Dorfes Georgenhausen einen großen Antheil im Besiz, denn dieser Ort enthält in seinem eigenen Feldmarke nur 4 Höfe; eben dieses Georgenhausen soll, wie Löwensteinischer Seits behauptet wird, auch ursprünglich zu dem Amte Habizheim gehören, weil im J. 1509 der Schenk Eberhard von Erbach damit belehnet worden, und in allen Habizheimer Lehenbriefen desselbigen gedacht werde. Die Kurpfälzische Lehenkammer hat daher 1769. den Herrn von Harxthausen, dem es jezt zustehet, aufgefordert, um seinen Besizstand zu beweisen, und hierdurch kann erörtert werden, was H. W. S. 34 meldet. 21) In dem Marktflecken Großzimmern S. 34. hatten vor dem 30jährigen Kriege 95 Mann gewohnet, welche aber durch die Pest von 1634 bis 1636 bis auf 10 sich verringerten, und 1787 wurden, nach der schon öfters angeführten Tabelle hingegen an Menschen aufgenommen, 309 Männer, 337 Weiber, 513 Söhne, 474 Töchter — überhaupt 1633 Seelen; auf dem Feldmarke aber zählte man 3506¼ Morgen Aecker und 235¼ Morgen Wiesen, daran aber viele Adeliche, die daselbst begütert, den größten Antheil nehmen; und an Gebäuden waren in diesem Jahre 246 Häuser und 5 Scheunen, nebst 3 Mahlmühlen vorhanden. Die Kirche, welche, wie H. W. auch bemerket, nun den 3 christlichen Religionsverwandten gemeinschaftlich zustehet, war ehedem ziemlich reich und hatte 1778 noch 10000 fl. auf

Ka-

Kapitalien liegen und bei 40 Morgen Aecker im Besize. Sie gehörte, nach unstreitigen Akten, im Jahre 1618. den Reformirten allein, denn der einzige Pfarrer der damals im Orte wohnte, **Anton Reinhard**, wurde erst 1627 von Hessen-Darmstadt, so wie alle übrige reformirte Prediger in den Aemtern Umstadt und Ozberg, seines Amtes entsezet. Nach dem Westphälischen Frieden 1649 sezte zwar Kurpfalz wieder einen reformirten Prediger, Namens **Rudolph Zink** auf diese Stelle; allein nach dem Tode des Pfarrers Krug 1704. wurde das Pfarrhaus den Reformirten genommen, und in die Kirche der Simultangottesdienst eingeführet, den man hernach auf die drei christliche Religionsverwandten ausgedehnet. 22) Die Darmstädter sogenannte **Zinsgasse in Groszimmern** S. 34 bestehet eigentlich in Zinspläzen, worauf Häuser angebauet sind, die nicht Gassenweis, sondern zerstreut da stehen. Die Bewohner müssen dem Fürsten von Löwenstein huldigen und fröhnen; so bald sie aber geschworen, in neuern Zeiten auch dem Hause Hessen-Darmstadt den Eid der Treue leisten, wobei man ihnen zugleich verbiethet, in Personalklagen vor dem Amte Gabizheim zu erscheinen. Man behauptet aber von Seiten des fürstlichen Hauses Löwenstein-Wertheim, daß eben diese Gerichtsbarkeit, welche sich Hessen-Darmstadt anmasset, vor Alters ein

bloſes Hub- oder Zinsſiedelgericht geweſen
wäre, welches das, was auf dieſen Pläzen
gefrevelt worden, höchſtens mit einigen Pfund
Heller verbüſſet; nach dem wörtlichen Inhalt
des Habizheimer Saalbuchs von 1549 hätte
aber hernach das Löwenſteiniſche Amt immer
dieſe Frevel nochmalen abgeſtrafet. In wie
weit dieſe Behauptung ſich mit dem vereini-
gen läßt, was Herr Widder von dem eigentlichen Urſprunge dieſer Zinspläze meldet,
überlaſſe ich dieſem geſchickten Alterthums-
forſcher zur Entſcheidung. 23) Ueber dem
Wildfangs- und Leibeigenſchaftsrecht,
wovon Herr Widder gar nichts meldet, herr-
ſchet auch zwiſchen beiden hohen Herrſchaften,
in dem Amte ſowohl als der Zent-Umſtadt
ſchon ein langwieriger Streit. Kurpfalz behauptet daſſelbige allein zu beſizen: indeſſen
iſt es doch ſo hergebracht, daß beide ihre gemeinſchaftliche ſowohl als beſondere Leibeigene haben. Was von gemeinſchaftlichen Leib-
eigenen gebohren wird, bleibt in dieſem Stande, und jede Herrſchaft hat in Anſehung deſſen
die Gerechtſame, die ihm auch über ſeine beſondere Leibeigene zukommen. Die Stadt
Umſtadt iſt aber davon völlig befreiet. 24)
Das in dem dreißigjährigen Kriege eingegan-
gene Dorf Wächtersbach S. 38 lag ⅜tel
Stunde von Umſtadt, und über die in 8 Stäm-
men beſtehende Gemeinde, welche in Umſtadt
wohnet, übet, ſo wie über dem bazugehöri-

gen Feldmark, der Beamte des Freiherrn von Wambold, die vogteiliche Gerichtsbarkeit aus, und in Appellationsfällen wenden sich die Unterthanen, jedoch mit Widerspruch von Heſſen-Darmſtädtiſcher Seite, an das privativ Kurpfälziſche Oberamt Umſtadt, weil der Ort ein Kurpfälziſches Lehen geweſen.

B.

Phyſikaliſch-ökonomiſche Schriften über das Oberamt Umſtadt.

Wundt (Fr. Pet.) kurze Geſchichte und landwirthſchaftliche Beſchreibung des gemeinſchaftlichen Oberamtes Umſtadt. *MSC.* 92 Seiten in 4to.

Dieſe Abhandlung wurde den 18ten Februar 1789 bei der Kurpfälz. phyſikal. ökonomiſchen Geſellſchaft zu Heidelberg vorgeleſen und wird in dem 2ten Bande der Vorleſungen dieſer Geſellſchaft von eben dieſem Jahre auch im Druck erſcheinen. Sie enthält eigentlich drei Abtheilungen; denn in der erſten wird die Geſchichte des ganzen Oberamtes umſtändlich vorgetragen und zwar nach einigen Urkunden, die dasjenige, was Herr Wenk in dem erſten Theile ſeiner Heßiſchen Landesgeſchichte und Herr Widder in ſeiner Pfälziſchen Erdbeſchreibung davon melden,

noch mehr ins Licht stellen, und besonders
ausführlich die Art nnd Weise bestimmen,
wie das Löwensteinische Haus nach und nach
zu dem Besize des Amtes Habizheim gekom=
men ist. Die zweite Abtheilung ist der ei=
gentlichen Ortsbeschreibnng gewiedmet, und
entwickelt das, was Herr Widder nach sei=
nem Plan nicht anbringen konnte und woll=
te. In Rücksicht auf die Oberamtsstadt Um=
stadt selbst nähert sie sich also der Topogra=
phie, indem die merkwürdigsten Gebäude und
die ganze Lage der Stadt so genau als mög=
lich, darin vorgestellet werden; nnd in der
dritten Abtheilung findet man einige staats=
wirthschaftliche Bemerkungen z. B. von der
Bevölkerung, dem Nahrungs= und Gewerbe=
zustand der Einwohner und der bei ihnen ein=
geführten Landwirthschaft, kurz: das, was
man in unsern Zeiten zu der statistischen Geo=
graphie rechnet. Weil das Leztere, nemlich
die landwirthschaftliche Verfassung, eigent=
lich nur unter die Rubrik gehöret, unter wel=
cher hier diese Schrift vorkömmt; so will ich
auch davon nur das Hauptsächlichste in einem
kurzen Auszuge anführen. Der Ackerbau
ist in dem Oberamte Umstadt die vorzüglich=
ste Nahrungsquelle, und wird daher von den
Einwohnern mit vielem Eifer sowohl als mit
Einsicht betrieben; ihr Boden, dem sie in der
Gegend den Namen Sohmet beilegen, be=
stehet aus einem starken, kalten und zehen

Letten, der wenn er zeitlich und wohl gezackert und gedungt wird, sehr fruchtbar ist und keiner Getreideart den Wachsthum versagt; man könnte ihn, nach der Meinung eines geschickten vaterländischen Naturkundigen, nemlich des sel. Flads in seiner Abhandlung von der verschiedenen Fruchtbarkeit der rheinischen Pfalz, durch eine Vermischung von Mergel- und Kalkerde, die aber hier selten, nebst zartem Sand, noch mehr verbessern; indessen ersezen die verständige Landwirthe diesen Mangel durch das reichliche Düngen und werden nach der Erfahrung auch dafür gut belohnet: denn die Stadt Umstadt erndtete nach dem Zehntenregister im Jahre 1788, zwölftausend und fünfzig, und der Marktflecken Groszimmern über acht tausend und vier hundert Malter allerlei Früchte. Das Feld wird zwar, wie in dem Kraichgau, noch flurenweis gebauet; aber die Brache, welche man hier wegen dem großen Feldmark wohl dulden muß, ist an keine sclavische Geseze gebunden, indem beinahe ⅔tel derselbigen, mit Kraut, weißen, gelben und Dickrüben angepflanzet wird; so wie der Winterflur, Korn und Spelz, und der Sommerflur, Gerste und Hanf, nebst den Hülsenfrüchten, Erbsen, Linsen und Wicken in Menge hervorbringt; durch innere Güte zeichnen sich jedoch vor allen andern Fruchtgattungen, der Spelz und die Erbsen aus.

Der Spelz wird meistentheils in dem Kleefelde angebauet, und erträgt auf dem Morgen zu 160 Ruthen (wobei aber zu bemerken, daß hier die Ruthen nur 12 Schuh groß) insgemein 12 bis 14 Malter, und wenn sie geschälet worden, eben so viel Malter Kern. Das daraus gewonnene bekannte vortrefliche Weißmehl, wird nach Hanau, Seeligenstadt und Offenbach geführet; selten nach Frankfurt, weil die Abgaben, welche in dieser Stadt darauf gelegt werden, zu hoch kommen; übrigens aber ist die Nachbarschaft dieser Stadt doch den Einwohnern des ganzen Amtes sehr vortheilhaft, indem sie ihre übrige Produkten daselbst sehr wohl anbringen können; die Unterhändler nehmen sie ihnen selbst in den Häusern ab, und bewirken dabei, weil ihrer mehrere, wie auf einem ordentlichen Markte, eine immer einträgliche Konkurrenz.

Die Erbsen gehören zu den köstlichsten in unserm Vaterlande, und werden daher auch sehr reichlich, besonders zu Kleinumstadt, angepflanzet. Sie bekommen keine Käfer, wie die gewiß sonst auch sehr gute Erbsen von Sinzheim, und Flad schreibt dieses, in der oben angeführten Abhandlung, dem kalten und festen Lettenboden zu, als worin diese Insekten sich selten oder nie fortpflanzen.

Die Rindviehzucht wird in den neuern Zeiten, wo man sich immer mehr auf den

Kleebau legt, mit großem Gewinn getrieben, und man fängt wirklich an, sie zu einem Handelsprodukt zu erhöhen, und verkauft in den Haushaltungen, wo die Stallfütterung eingeführet, jährlich etliche gemästete Ochsen; die Pferde, welche hier bei der Landwirthschaft wegen dem starken Boden unentbehrlich sind, und für welche man sonst vieles Geld aus dem Lande trug, werden izt zum größten Theil auch selbst erzogen.

Mit dem Weinbau beschäftigen sich aber nur die Einwohner in der Oberamtsstadt und in Kleinumstadt. Das Gewächs ist vortreflich und giebt den besten Weingattungen an dem rheinischen Gebürge, in der Güte wenig nach; denn der Saz ist eitel Rießling und der Boden auch dieser Traubengattung angemessen und gut.

In Ansehung der Beholzigung stehet aber das Oberamt gegen die älteren Zeiten weit zurück; die Oberamtsstadt und die Dörfer, Kleinumstadt, Wüstamorbach und Richen, haben zwar noch eigne Waldungen, aber da mit denselbigen nicht zum besten gewirthschaftet wurde, so sind sie seit 30 Jahren sehr in Abgang gekommen, und es kann nun wenig Bau- und Brandholz daraus verreichet werden. Die Einwohner müssen daher dieses Bedürfniß in dem benachbarten Odenwald zu befriedigen suchen, ober auch weiter, an dem Mainstrom das Holz kaufen; im Odenwalde kostet das Klafter Buchenscheitholz, sechs Schuh hoch und sechs Schuh weit, gewöhnlich im Walde, 5 fl. 30 kr., auch 6, und im Winter wohl sieben und mehrere Gulden.

Unter die Hindernisse, welche der Vervollkommung der landwirthschaftlichen Verfassung in dem Oberamte Umstadt bis izt noch entgegenstehen, rechnet der Verfasser t die viele herrschaftliche Erbhöfe, bei denen es nicht verstattet wird, sie in kleinere Loose zu vertheilen, und dabei der Besizer meistentheils zu viel Aecker und zu wenig Dung hat; die allzugroße Schäfercien, welche verursachen, daß das Brachfeld nicht vollkommen genug benuzet werden kan — und die Vernachläßigung des Wiesenbaues, als bei dem das jährliche ordentliche Düngen selten eingeführet ist, und folglich auch nicht süsse Futterkräuter genug, nebst dem Klee, erzogen werden können; er fordert deswegen an dem Ende seiner Abhandlung, die vermögende Landwirthe in der Gegend auf, dem gemeinen Haufen darin mit einem guten Beispiele an die Hand zu gehen, und endiget mit dem patriotischen Wunsch:

Quod Patria nostra florescit, quam mihi, a quocunque excoli jucundum!

§. 5.

Von dem Oberamte Boxberg.

A.

Von den Schriften, welche die Geschichte des Oberamtes erläutern.

1) *Kremeri & Lameji iter litterarium, in actis academiae Palatinae. Tom. II. p. 53—59.*

Die beide würdige Verfasser haben sich bemühet, die ältere Geschichte der Dynasten von Boxberg aus Urkunden zu erläutern, und zugleich die Schicksale der Burg und Stadt Boxberg, vorzüglich aus den Zeiten, da die Ritter von Rosenberg dieselbige im Besiz gehabt, zu erzählen. Sie bemerken auch die Grabschriften, welche in der schönen Kirche zu Wölchingen (einem Dorfe das mit Boxberg nur eine Gemeinde ausmacht) von eben diesen Rittern sich noch vorfinden, und theilen dem Publikum zwei neue schäzbare Urkunden mit, welche am besten erklären, wie das Amt Boxberg eigentlich zu der rheinischen Kurpfalz gekommen sey; doch von ben alten Dynasten von Boxberg handelt noch etwas ausführlicher, Herr Hofrath und Professor Crollius in Zweibrücken, dem die ältere Pfälzische Landes- und Regentengeschichte schon so viele glückliche Erörterungen zu verdanken hat, in der genealogischen Untersuchung der alten Grafen von Veldenez in eben diesem zweiten Bande der Pfälzischen akadem. Akten S. 282—286. Er findet in sicheren Urkunden schon einen Konrad von Boxberg vom Jahre 1144. und stellt zugleich eine Stammtafel von allen diesen Dynasten auf, die er aus der älteren Geschichte hat kennen lernen.

2) *Andreas* (J. H.) *Boxberga Palatina, ejusque Praefectura illustrata.* Heid. 1773. 4.

Außer dem, was der Herr Verfasser aus der so eben angeführten Reisebeschreibung und andern bekannten Geschichtschreibern von der Geschichte der Stadt und des Oberamtes Boxberg erzählet, hat er auch bei dieser Abhandlung eine schäzbare Handschrift von 1683 wohl benuzet. Sie ist sehr wahrscheinlich auf herrschaftlichen Befehl aufgesezt worden, und enthält eine genaue Ortsbeschreibung, wobei man sich vorzüglich über die viele drückende Abgaben und Zinsen verwundern muß, welche die Einwohner etlichen benachbarten Edelleuten und fremden Herrschaften reichen müssen.

3) Widders (G.) geographische Beschreibung der Kurpfalz. 2. Band. S. 39—60.

Weil das ganze Oberamt mit der Burg und der Stadt Boxberg fast immer gleiche Schicksalen gehabt, und der Hr. Verfasser bei eben dieser Burg und Stadt die Geschichte sehr umständlich beschrieben hat; so ist die besondere Ortsgeschichte desto kürzer ausgefallen. Bei der Beschreibung des Bevölkerungszustandes hat er die Tabelle von 1784 gebrauchet. Des Ortes Angelthurn, das als ein Pfälzisches Lehen dem jezigen Pfälzischen Vizekanzler, Freiherrn von Sick zustehet, gedenket er nur in der Einleitung S. 43. Ich finde diesen Ort auch auf der Generaltabelle von 1783. Er hatte in diesem Jahre 42 Feuerstätte, 51 und darunter 10 jüdische Familien, und 206 Seelen, und an Gebäuden: 1 Kirche, 2 Schul- 52 bürgerliche Häuser und 16 Scheunen. Bei dem Austausche des Dorfes Gerichtstetten in dem Oberamte Boxberg gegen das Dorf Mückenloch in dem Oberamte Heidelberg an das Hochstift Würzburg, S. 43. wurde freilich die Bestellung des reformirten Pfarr- und Kirchenwesens vorbehalten; der Kurfürst von der Pfalz, Johann Wilhelm, nahm sich auch der reformirten Unterthanen kräftigst an, da man sie Würzburger Seits in der Folge in diesen Gerechtsamen zu kränken suchte: aber er war bei allen diesen Bemühungen doch am Ende nicht glücklich; denn das Hochstift sezte dem ungeachtet einen katholischen

Prediger ein, und entzog auch den Reformir=
ten die zu ihrer Pfarrei gehörige Gefälle.
Siehe **Struvs** Pfälzische Kirchengeschichte.
S. 716 und 981.

B.

Von den physikalisch=ökonomischen Schriften über das Oberamt Boxberg.

Wundt (Friebr. Pet.) kurze Ge=
schichte und landwirthschaftliche Be=
schreibung des Pfälz. Oberamtes Box=
berg. In den Vorlesungen der Kurpf.
phys. ökon. Gesellschaft vom Winter
1784 — bis 1785. Seit. 257 — 304.

Von dieser Abhandlung findet man ei=
nen ausführlichen Auszug in dem 3ten Stücke
des neuen geographischen Magazins des Hrn.
Prof. **Fabri** zu Jena. S. 511 — 519. Ich
bemerke hier daraus nur das, was die Lage
und die jezige landwirthschaftliche Verfassung
betrift.

Das Oberamt Boxberg ist, wie das Vel=
deuzer, ganz von der übrigen Pfalz abgeson=
dert, und liegt 24 Stunden über Mannheim,
noch vier gute deutsche Meilen von dem Ober=
amte Mosbach entfernt; es gränzet gegen
Morgen an die Herrschaft des deutschen Or=
dens in dem Fränkischen Kreise, und insbe=

sondere an dessen Residenzstadt **Mergentheim** an der Tauber; gegen Mittag an das Kurmainzische Amt **Krautheim**, und dessen Amtsstadt gleiches Namens an der Jart; gegen Abend an das Kurmainzische Amt **Amorbach** und gegen Norden an das Kurmainzische Amt **Bischofsheim**. Der Weg, der aus dem Kurpfälzischen Oberamte Mosbach dahin führet, ist eben nicht der angenehmste; er enthält, durch die Herrschaft Adelsheim hin, sehr viele hohe, wilde und unfreundliche Gebirge, die sich aber verlieren, sobald man in das Oberamt Boxberg eingetretten; denn da hat man die sehr schöne und reizende Aussichten in die fruchtbare Oefnungen des Tauber- und des Maingrundes, so wie auch in die Jart- und in die Kocherthäler, die den Anfang vom Frankenlande ausmachen, das unter die anmuthigsten Länder von Deutschland gehöret.

Auf der Pfälzischen Generaltabelle werden folgende Oerter dazu gerechnet: die Burg und Stadt **Boxberg** nebst **Welchingen**, einem Dorfe das nahe dabei liegt, und mit der Stadt nur eine Gemeinde ausmacht; der Marktflecken **Schweigern** und die Dörfer **Schwabhausen**, **Windischbuch** und **Angelthurn**, nebst den beiden ansehnlichen Höfen, **Greffingen** und **Seehof**; sodann die fünf Zentdörfer in dem sogenannten Schupfergrund: Epplingen, Schillingstadt, Daunbach, Sachsenflur und Bobstatt.

Die kleine fruchtbare Hügel und Berggegenden, mit einem Boden, der aus verwitterten rothen Sandsteinen und der angebauten Gartenerde, und etwas Leimen und Kalk bestehet, versagt fast keiner Getreideart den Wachsthum. 1783 wurden 12826 Morgen Ackerlandes gezählet, und darauf bauet man vorzüglich Korn, Spelz, Gerste, Haber, Grundbirn und Flachs; man hat zwar auch die Proben, und zwar mit gutem Erfolge, mit Waizen, Taback, Krapp, Hanf und Kohl gemacht; da aber die Handlung, bei der Lage des Oberamtes, aus Mangel des Absazes, keinen gar großen Fortgang gewinnet, und man den vielen Dung, welchen diese Handlungsgewächse erfordern, außer dem höchst nöthigen Feldbau zu den Weinbergen nöthig hat — so hat man leztere Produkten aufgegeben, und desto reichlicher den Kleebau eingeführet: er bringt, dreimal abgemähet, grün 10—15 und dürr 4 bis 6 Wagen.

Die Wiesen werden in eben diesem Jahre zu 1216 Morgen, der M. zu 160 Ruthen, angegeben; sie sind aber kostbar, und bringen, weil sie von vielen kleinen Bächen durchströmt werden, ein sehr gesundes Futter hervor. Man unterhielt darauf in dem Jahre 1783 einen **Viehstand** von 54 Pferde, 418 Och­sen, 982 Kühen, 624 Rindern, 3273 Scha­fen und 391 Schweinen. Manchem dürfte das, bei diesen Wiesen und dem oben ange­führten starken Kleebau, auf den 12 Oertern eben nicht viel zu seyn scheinen, besonders wenn man behauptet, wie auch gewiß ist, daß hier die Viehzucht der größte Nahrungszweig ist. Allein eben der starke Viehhandel macht, daß auf der Tabelle die Anzahl nicht so groß an­gegeben werden kann, als er wirklich ist, in­dem vieles davon, mitten in dem Jahre, mit der überflüßigen Frucht gemästet, und gleich darauf, ehe man noch an die Verfertigung der Tabellen denket, verkauft wird; und dar­unter leidet der Ackerbau der Einwohner nie, weil sie ihren leichten Boden mit zweijährigen und noch geringern jüngeren Stieren pflügen und bearbeiten können. Sie kaufen diese ge­wöhnlich in dem Hohenlohischen, und nach 4, 8, bis 12 Monaten verkaufen sie diese wieder gegen andere von gleichem Alter. In man­chen Orten, z. B. in **Schweigern**, hat man Jahre, wo solche Käufe und Verkäufe auf 150 bis 200 gestiegen sind. **Weinberge** finden sich nicht überall, weil die Dörfer **Greffingen, Seehof, Windischbuch** und **Schillingstadt** keine günstige Lage dazu ha­ben. Aber desto mehr haben die übrige Oer­ter, und 1783 wurden 1441½ Morgen gezäh­let. Wenn sie abgängig werden, so rotten sie dieselbigen aus und bepflanzen den Plaz mit Esparcette, welche hier bei dem Landvolke schon lange unter dem Namen Bergklee bekannt ist; das Gewächs selbst gehöret zu den geringsten in unserm Vaterlande, denn der Wein ist leicht, etwas röthlich — doch überflüßig hinreichend zur Konsumtion, und etwas kann davon auch noch an die Fremde abgegeben werden. In den 116 Morgen Gärten wird gutes Gemüse gezogen — aber die $2710\frac{1}{4}$ Morgen Waldungen, woran den Einwohnern zu Schillingstadt allein $718\frac{1}{4}$ Morgen zustehen, reichen lange nicht zu dem nöthigen Brand- und Bauholz zu; doch kann man theils in der Nachbarschaft dasselbe um einen ziemlich wohlfeilen Preis haben, theils sind auch in manchen Oertern so gute Anstalten getroffen, daß man, besonders an den Bächen, stark Weiden und Erlen angepflanzt, die vieles ersezen helfen. Die Bevölkerung hat in diesem Jahrhundert ziemlich zugenommen. Eine Bevölkerungsliste von 1683, die auf herrschaftlichen Befehl damals aufgesezt wurde, verglichen mit der von 1783, beweißt, daß die meiste Ortschaften nun über die Hälfte beinahe stärker sind. Das Schazungskapitel war 1783 zu $136748\frac{1}{2}$ Gulden angesezt, und zu 12 Procent mußten die Einwohner also der Herrschaft in diesem Jahre 16409 fl. 45 kr. und $4\frac{4}{5}$ Heller zahlen. Doch diese Last würden sie gerne tragen, wenn

nur

nur nicht dabei auf ihren Gütern so viele besondere auswärtige Fruchtgilten hafteten, wie z. B. in Schwigern, wo jährlich bei 250 Malter allerlei Früchten abgegeben werden müßen. Kurpfalz hat daher in neuern Zeiten auch an einigen Orten das Schazungskapital verringert und dem vogteilichen Orte Angelthurn im Jahre 1782. 950 fl. weniger angeschrieben.

§. 6.

Von dem Oberamte Mosbach.

A.

Von den Schriften über die Geschichte dieses Oberamtes.

1) *Kremeri & Lameji iter litterarium, in Actis Acad. Palat. Tom. II pag. 59—63.*

Darin wird aus sicheren und von den Herren Verfassern auch dem Publikum mitgetheilten schäzbaren Urkunden bewiesen, daß die Stadt Mosbach erst im Jahre 1330 an das Kurhaus Pfalz gebracht worden, und also Tollner und Münster, welche sie schon von 1232 her der Pfalz zuschreiben, berichtiget. Die übrige Nachrichten, nemlich von der Erweiterung des ganzen Amtes, besonders unter dem Pfalzgrafen Otto, sind auch aus den besten Quellen geschöpfet und also von dem nemlichen Werthe.

2) *Andreas* (J. H.) *Mosbacum in sylva Ottonica Palatinatus illustratum.* Heid. 1771. 4.

Was der Herr Verfasser von der Zeit meldet, wann Mosbach an die rheinische Pfalz gekommen, muß aus der so eben angeführten Reisebeschreibung berichtiget werden; allein desto lesenswürdiger sind die Nachrichten von dem alten Moßbacher Kollegiatstifte zum heil. Julian — der besonderen Mosbacher Pfalzgrafen-Linie, die zugleich in einer schönen Tabelle vorgestellt wird, und die Beschreibung von den traurigen Schicksalen der Stadt und ihrer jezigen Beschaffenheit. Unter den Gelehrten, die aus Mosbach gebürtig und deren Leben in dem lezten Theile dieses Programms kürzlich beschrieben wird, sind ohne Zweifel die berühmtesten, Nicolaus Cisner und Quirinus Reuter, wovon der erstere zu seiner Zeit ein großer Rechtsgelehrter, und der andere ein nicht minder berühmter Gottesgelehrter auf der Heidelberger Universität gewesen. Sie waren auch sehr genau mit einander verwandt, und der erstere hat selbst an dem lezteren einen Biographen gefunden, der seiner völlig würdig gewesen, denn wir wüßten gewiß von Cisners Privatcharakter und manchem merkwürdigen Auftritt seines Lebens wenig, wenn nicht Reuter daſſelbige beſchrieben, und den kleineren Werken Eisners, die er nach deſſen Tod herausgegeben, beigefüget hätte. Siehe des ſel. Kirchenrath Wundt's 4tes Program, von der Geſchichte der Heidelberger juriſtiſchen Facultät, S. 8. und des Herrn Prof. Schwabs ſo treflich bearbeiteten Sillabum Rectorum Univ. Heid. pag. 119 — 122 und pag. 208 — 209.

3) Widders (G.) geographiſche Beſchreibung der Kurpfalz. 3. Band. Seite 61 — 182.

Bei der Geſchichte der Stadt Mosbach hat der Hr. Verfaſſer noch ältere Nachrichten vorgebracht, als die Herren Kremer und Lamei in ihrer Reiſebeſchreibung, und überhaupt das ganze Amt nach ſeinen vier Zenten, vorzüglich aus dem ſtädtiſchen Archiv, und den alten Weisthümern, Regalien — und Zinsbüchern ſehr umſtändlich beſchrieben, und alſo manches ins Licht geſtellet, das bisher eben nicht ſehr bekannt war. Ich füge etwas weniges dazu: 1) von dem Stifte zu Mosbach S. 76 verliehe der Pabſt Bonifaz *IX*, auf Erſuchen des römiſchen Königs und Pfalzgrafen Ruprecht des 3ten, der Heidelberger Univerſität 1399 eine anſehnliche Pfründe; die Urkunde ſteht in dem ſeltenen Traktat: *Jus Univerſitatis Heidelber-*

gensis urbi & orbi ostensum. Mannheim 1748 unter den Beilagen S. 4. 2) In der katholischen Kirche zu Neckerelz S. 89. findet sich noch auf einem Stein die Inschrift: *1302. 11. Kal. Maji, obiit frater Conradus sacerdos: de Colia, fundator domus istius & Cantor.* und dieser Stein ist wahrscheinlich von dem alten Tempelhause oder Kirche, als welche letztere nach H. Widder wieder aufgebauet und den Katholiken übergeben wurde. 3) Auch in der reformirten Kirche zu Niederscheflenz S. 120. befindet sich auf einem Steine die Inschrift: *1485 completum est hoc opus.* 4) In der alten Eberbacher reformirten Kirche S. 133. stehet über dem Eingang einer Hausthüre die Jahrzahl 1418, und die lutherische Kirche daselbst wurde 1778 und 1779 erbauet. 5) Das Städtchen Hilsbach S. 145 hat seine größere Bevölkerung den an dem Ende des vorigen Jahrhunderts sich allda niedergelassenen französischen Flüchtlingen zu verdanken, und man liest die unter dem Kurfürsten Philipp Wilhelm ertheilte Konceßion in dem schon oft angeführten Manuscriptenbuche S. 780—85. 6) Das Franziskanerkloster zu Sinsheim S. 155 ist seit 1718 erbauet und ein Laie aus dem Würzburgischen trug das meiste zur Stiftung bei. Er schenkte 7000 Gulden dazu, wovon der Platz angekauft, und noch ein Theil des Baues bestritten wurde. Im Jahre 1784 waren 20 Väter und 7 Brüder darin. 7) Das Dorf Kirchart ist nicht, wie S. 165 behauptet wird, bei den Reformirten ein Filial der Pfarrei Richen; es war vielmehr bis 1774 ein Filial von Reihen, und wurde in diesem Jahre erst, unter dem 21en Februar, mit einem eignen reformirten Pfarrer besezet, der zu der Inspektion Sinsheim gehöret.

B.

Physikalisch-ökonomische Schriften über das Oberamt Mosbach.

1) Medicus (Fr. K.) in der schon oft angeführten Reisebeschreibung. S. 176—187.

Eberbach ist der einzige Ort, den der Herr Verfasser aus dem Oberamte Mosbach, nach seiner landwirthschaftlichen Verfassung, doch ziemlich umständlich und in vielen Stücken zum Muster für die übrigen Odenwäldischen Einwohner beschreibet; aber über die hier und da eingeführte Stallfütterung in andern Orten dieses Oberamtes hat er seine besondere Bemerkungen dem Publikum mitgetheilet, in den Schriften der Kurpfälz. phys. ökonom. Gesellschaft vom Jahre 1772. S. 264—271.

2) **Wundt** (Friedr. Pet.) landwirth⸗
schaftliche Beschreibung von Sinsheim.
In den Bemerkungen der Kurpf. phys.
ökonom. Gesellschaft vom J. 1779. S.
220 — 251.

Bei dem Abdrucke wurde dem Verfasser
unrichtig der Vorname Heinrich beigelegt.
Ein ausführlicher Auszug von der Abhand⸗
lung selbst stehet in den rheinischen Beiträ⸗
gen vom Jahre 1779, 2. Band, S. 470 —
79. und in H. Fabris neuem geographischen
Magazin, 3. Band. S. 498. Die Noten,
worin einiges aus der Geschichte der Stadt
enthalten, können nun aus der Beschreibung
des Herrn Widders vermehret und hier und
da auch berichtiget werden.

Der Verfasser war 4 Jahre zweiter re⸗
formirter Prediger in diesem Städtchen, und
konnte also aus der Erfahrung zeigen, wie
weit ein Ort durch den Kleebau, die Stall⸗
fütterung und überhaupt durch die verbesserte
Landwirthschaft in kurzen Jahren seinen Feld⸗
bau zu erhöhen fähig sey; er hat daher die
Generaltabelle von 1778 mit den Nachrich⸗
ten aus älteren städtischen Protokollen ver⸗
glichen, — und, selbst in Rücksicht auf die Be⸗
völkerung den großen Unterschied zwischen
den neueren und älteren Zeiten, auf eine ganz
unstrittige Weise, zum Vortheil der ersteren
dargestellt.

Die vornehmsten Produkten sind Korn, Spelz, Sommergerst, Haber, Erbsen, Feldbohnen und Wicken. Doch ist Spelz hier, wie in dem ganzen Kraichgau, die Hauptfrucht; man kann im Durchschnitte annehmen, daß jährlich über 7000 bis 8000 Malter gezogen werden. Der Morgen trägt in guten Jahren 12 — 14 Haufen, und diese geben bei dem Ausdreschen, wo nicht mehr, doch eben so viel Malter. Von vorzüglicher Güte sind auch die Erbsen, ob sie gleich, wie ich bei Umstadt schon bemerket habe, denen die allda gezogen werden, nicht gleich kommen.

§. 7.

Von dem Oberamte Bretten.

A.

Von den Schriften welche die Geschichte des Oberamtes erläutern.

1) *Kremeri & Lameji iter litterarium in actis acad. Palat. Tom. II. pag. 46 — 51.*

Die ältere Geschichte der in dem Oberamte Bretten gelegenen Stadt **Eppingen**, und des dieser Stadt untergebenen Dorfes **Mühlbach** wird hier allein durch etliche, zuerst aus dem Original ans Licht gestellten Urkunden erläutert: Herr Hofrath **Lamei** hat aber insbesondere noch große Verdienste um die Geschichte dieses Oberamtes sich erworben, durch die, schon in dem 1ten Stücke dieser Bibliothek angezeigte Beschreibung des alten Kraichgaues.

2) *Andreas* (J. H.) *Bretta Creichgoviae illustrata.* Heid. 1769. 4. 26 Seiten.

Die Nachrichten von der älteren Geschichte der Stadt müssen aus dem Hrn. Widder berichtiget werden, weil er dieselbige nicht allein aus richtigeren Quellen, sondern auch viel umständlicher bearbeitet hat; aber ausführlich genug ist der Hr. Verf. bei der Beschreibung der merkwürdigen Schicksalen dieser Pfälzischen Oberamtsstadt, die sie zu verschiedenen Zeiten, besonders in dem 30jährigem Kriege erlebte: doch für den Liebhaber der vaterländischen Litteratur sind unfehlbar die Beiträge zu den Biographien der Gelehrten, die entweder in Bretten gebohren wurden, oder allda gelebt oder gelehrt haben, am schäzbarsten. Zu denen, die Melanchtons Leben beschrieben, und die §. 15. angeführt werden, muß man nun vorzüglich des bekannten Litterators, Georg Theodor Strobels sämmtliche Schriften über diesen Gelehrten rechnen, besonders die neue Ausgabe von des Kamerarius Lebensbeschreibung des Melanchtons, die er, in lateinischer Sprache, mit so vielen schäzbaren Bemerkungen herausgegeben, Halle 1777. gr. 8. Siehe auch Herrn Kirchenrath Kaibels Etwas zum Lobe Philipp Melanchtons im 6ten Hefte des Pfälz. Museums S. 537 — 556.

3) **Widder (G.) in der geographischen Beschreibung der Kurpfalz. 2 B. Seite 118 — 225.**

Da nach der Bemerkung des Hrn. Verfassers S. 183. das Oberamt Bretten erst nach und nach zu der jezigen Größe angewachsen, und die einzelne, nun dazu gehörige Oerter zu sehr verschiedenen Zeiten dazu gekommen, so konnte freilich in der Einleitung die Geschichte des ganzen Oberamtes nicht wohl ausgeführet, sondern mußte erst bei jedem Orte insbesondere angebracht werden; indessen hat der Leser nichts dabei verloren, denn die einzelne Ortsgeschichte ist auch hier außerordentlich umständlich bearbeitet. Ich habe daher auch nur einiges dabei zu erinnern. 1) **Das Kameral-Hofgut in der Stadt Bretten** S. 198. enthält nach dem Amtssaalbuche vom J. 1600. und zwar, nach dem darin aufgezeichneten Extrakt aus dem Saalbuche von 1540. 211 Morgen ½ Viertel, 12 Ruthen Ackers, 19 Mg. und ½ Viertel Wiesen, 1 Viertel Krautgarten und Hofhaus nebst Scheuer und Stallung. Die Stadt muß wegen dieses Guts, laut eben dieses Extraktes, 750 Schafe halten, um die dazu gehörige Aecker zu pferchen: doch zahlt Kurpfalz dem Schäfer das halbe Pferchgeld. 2) Nach eben diesem Saalbuche hat **Ernst Ludwig von Stadion** ein Haus in der Stadt Bretten, und wenn er daſſelbige ſelbſt bewohnet, ſo muß ihm die Stadt des Jahrs die freie Beholzigung nach Bedürfniß reichen. Der Verfaſſer des Saalbuchs meldet zugleich, daß dieſer Edelmann auch behaupten wolle, daß dieſes Haus auch die Gerechtigkeit auf ſich habe, die Miſſethäter an Kurpfalz nicht auszuliefern, wenn ſie darin ihre Zuflucht geſucht hätten — aber in der Amtsregiſtratur, ſezt er hinzu, fände ſich nichts davon. 3) Worin der ſogenannte **Schäferssprung in Bretten** S. 198 beſtehe, auf dem öffentlichen Jahrmarkte an dem Laurentiustage, kan man am beſten erſehen aus der Nachricht von den Würtenbergiſchen Schäfermärkten in Herrn **Fabris** geographiſchen Magazin 1. Band 1. Heft. S. 28. 4) Die **Rechten und Freiheiten der Stadt Eppingen** aus den älteren Zeiten S. 204. findet man izt gedruckt bei den neueſten Privilegien dieſer Stadt vom 10. Oktober 1781. Heidelb. 1785. Fol. 5) Von den Schriften über das **Zeiſenhauſer Baad,** hat man außer der von dem Hrn. Verf. S. 224 angeführten, noch mehrere, die im erſten Stücke dieſer Bibliothek S. 72 — 74 umſtändlich angezeigt werden.

B.

Physikalisch-ökonomische Schriften über das Oberamt Bretten.

1) **Medicus** (Fr. K.) in der oft angeführten Reisebeschreibung in den Bemerkungen der Kurpf. phys. ökon. Gesellschaft vom J. 1771.

Der Hr. Verfasser hat zwar das Oberamt Bretten nicht durchreiset; aber er hat dieser Reisebeschreibung verschiedene trefliche Anmerkungen von dem verstorbenen Herrn Kollektor Konrad Gugemmus zu Eppingen eingerückt, welche über die landwirthschaftliche Verfassung des ganzen Kraichgaues, darin bekanntlich dieses Oberamt liegt, vieles Licht verbreiten; siehe vorzüglich die Noten unter dem Text S. 182—185; 204 u. 205 und in dem Texte selbst S. 215 und 216; ferner 263—266. Dieser Mann verband mit großen theoretischen Kenntnissen eine ungemein geprüfte langwierige Erfahrung und es ist zu bedauern, daß man keine ausführliche ökonomische Abhandlungen von ihm besizet. In der Registratur der Kurpf. ökon. Gesellschaft, deren Mitglied er gewesen, befinden sich noch verschiedene Rezensionen über viele Schriften aus diesem Fache, welche die besten Zeugen davon sind. Einige davon werde ich vielleicht bald benuzen, und also ihren

Inhalt dem Publikum mittheilen können — und dann wird das, was ich hier von dem sel. Verfasser gesagt, und an dessen lehrreichen Umgange ich immer noch mit dankbaren Vergnügen gedenke, gewiß gebilliget werden.

2) **Wundt (Friedr. Pet.) Etwas zur Geschichte der Pfälzischen Oberämter überhaupt, und zur älteren und neueren Geschichte und Erdbeschreibung des Oberamtes Bretten insbesondere.** In den Vorlesungen der Kurfp. phys. ökon. Gesellschaft. 2. Band. Mannheim 1787. S. 41—124.

Ich seze diese Schrift unter diese Rubrik, weil der dritte Theil derselbigen ganz der Betrachtung über die staatswirthschaftliche Verfassung dieses Oberamtes gewiedmet ist, und daher sich umständlich über alles ausbreitet, was nur einigen Bezug darauf hat; z. B. über die Bevölkerung und den Landbau nach allen seinen Zweigen, nemlich den Acker: Wein: und Wiesenbau, und die in dem Oberamte befindliche Waldung. Der Verfasser hat der geographischen Beschreibung von der alten Grafschaft Bretten und dem jezigen Oberamte, welche in dem ersten und zweiten Theil stehet, einen kurzen Entwurf der Geschichte der sämmtlichen Pfälzischen Oberämter vorgesezet, weil in den gemeinen geographischen Handbüchern theils wenig davon zu finden, theils auch viel unrichtiges davon gesagt wird, und die so schätzbare Arbeit des Herrn Widders damals noch nicht ganz bekannt war.

Bei den litterarischen Bemerkungen in den Noten zum 2ten Theile, worin die einzelne Oerter des Oberamtes Bretten beschrieben werden, finde ich nöthig folgendes zu erinneren. 1) Von den Schriften des zu Weingarten gebohrnen Venators, den der Verfasser mit Recht S. 88, in seinen lateinischen Werken, einen Schriftsteller von klaßischer Eleganz nennet, und die er Not. 89 aus den Miscellis des Prof. Johannis anführet, handelt auch der sel. Büttinghausen in seinen Beiträgen zur Pfälzischen Geschichte B. 1. S. 167 — 171. Er gedenket dabei verschiedener, die dem P. Johannis unbekannt gewesen seyn mußten. 2) Am Ende dieser Abhandlung, wo der Verfasser mit vieler Wärme von dem verstorbenen großen Pfälzischen Oekonom, Stephan Gügenmus redet, wird unrichtig Eppingen als dessen Geburtsort angegeben, denn er kam zu Bretten 1739 auf die Welt, und gehöret also zu den Gelehrten von denen H. D. Andreä handelt in seinem oben schon angeführten Program von dieser Oberamtsstadt.

Anhang.

Unter die Schriften, worin einige Gegenstände der jezt so allgemein beliebten statistischen Geographie, in Rücksicht auf die Unterpfalz, in den neueren Zeiten, recht gründlich bearbeitet sind, rechne ich vorzüglich folgende: Ueber die Größe und Bevölkerung der rheinischen Pfalz von Theodor Traiteur. Mannheim 1789. 8. In der neuen Hof-und akadem. Buchhandlung. Wie überzeugend wird dadurch nicht wiederlegt, was in manchen periodischen Schriften, von der Bevölkerung, und der Größe und dem Umfange der rheinischen Pfalz und allen den Folgen, die man daraus hergeleitet hat, bisher gemeldet worden, und daß die beide sonst so würdige Gelehrten, Sulzer und Norrmann,*) durch dieselbige verleitet, sogar in ihre geographische Handbücher aufgenommen haben? Ich wünsche, daß man damit die Tabelle vergleichen möchte, die ich in diesem zweiten Stücke meiner Bibliothek S. 38 aufgestellt habe: dann wird man zu-

*) Sulzers Vorlesungen über die Geographie der vornehmsten Länder und Reiche in Europa. 3te Abtheilung. S. 89. §. 22. Berlin. 1787. 8.
Norrmanns geograpbisch-historisches Handbuch: oder Länder- Völker- und Staatenkunde. 1. Band. 2. Abth. S. 457. Hamburg 1786.

gleich sehen, daß die Erhöhung des Schazungskapitals von 1720 bis 1778 eben nicht so
groß ist, als man zuweilen behauptet hat, und
daß diese Auflage die Unterthanen nicht drü-
cket, besonders wenn man dabei erwäget, wie
hoch bei uns der Preis der Güter in dieser
Zeit gestiegen, und um wie viel mehr ergie-
biger dieselbige durch die fast allgemein eingeführte verbesserte Landwirthschaft geworden sind?

 Es wäre mir daher sehr angenehm, wenn
einige Kenner und Liebhaber der Pfälzischen
Geschichte und Länderkunde, welche aus sicheren Quellen solche Kenntnisse besizen, mir
noch mehrere handschriftliche Nachrichten von
der Art gütigst mittheilen wollten, damit ich
sie bei den Zusäzen, die dem dritten und lezten Stücke dieser Bibliothek beigefüget werden sollen, zu dem Ende benuzen könnte. Da
ich keine andere Absichten dabei habe, als einen guten und edlen Gebrauch davon zu machen, nemlich: genaue und richtige Kenntniß
der vaterländischen Erdbeschreibung und Topographie immer mehr und mehr auszubreiten und andere seichte und ungegründete Nachrichten über diese Gegenstände dadurch zu verdrängen, so hoffe ich, daß diese Bitte von pa-
triotisch gesinnten Männern mir nicht werde
abgeschlagen werden.

        Der Verfasser.

Druckfehler.

Seite. Zeile.
- 15. 1. Von unten statt Mirbillife — lies *Myrtillife*.
- 22. 19. st. ? seze !.
- — 22. st. Gruberus lies *Gruterus*.
- 29. 3. Von unten st. Menfingal l. *Menfinga*.
- 35. 2. Von unten st. Lucan, l. *Lucæ*.
- 38. 11. Zwischen Heidelberg und Lindenfels seze auf der Tabelle und.
- 48. 4. st. Gottinger lies Hottinger.
- — 18. st. Gottinger l. Hottinger.
- 71. 18. st. Berger l. Beger.
- 80. 3. Von unten st. Kohlhausen l. Kohlhansen.
- 92. 22. st. G. W. l. H. W.
- 113. 5. Von unten st. Gabizheim l. Habizheim.
- 118. 5. st. eben so viel l. 6 bis 7.
- 126. 2. st. Daunbach. l. Dainbach.
- 141. 20. st. mußten. l. sind. oder seyn mußten.

www.ingramcontent.com/pod-product-compliance
Lightning Source LLC
Chambersburg PA
CBHW030819230426
43667CB00008B/1293